영호남기행 1

안재홍 산문집

영호남기행 1

안재홍 글 | 황우갑·방유미 풀어 읽음

영호남기행 1

전체 여정

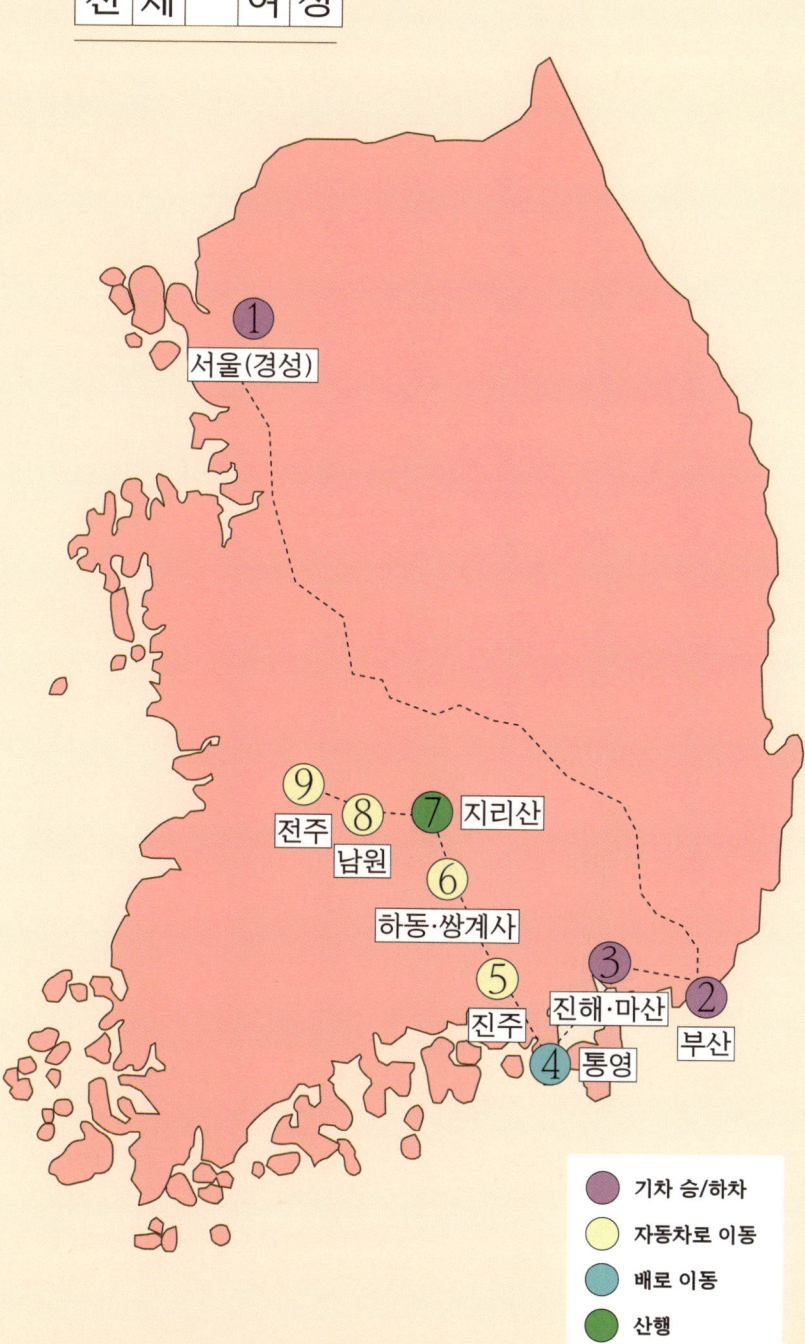

일러두기

① 이 기행문은 『조선일보』가 창간 100주년을 기념해 2020년 일반에 공개한 「조선뉴스 라이브러리 100」의 자료를 바탕으로 풀어 읽었음을 밝힌다.
② 본문에서 사용된 도량형(척관법) 단위를 미터법으로 환산하면 다음과 같다.
 · 1척(尺): 30.3㎝
 · 1리(里): 400m
 · 1간(間): 181.8㎝
 · 1평(坪): 3.3㎡
 · 1장(丈): 약 3m
③ 본문에서 육십갑자로 연도를 표현한 경우 괄호 안에 서기력 연도를 표기하였다.
④ 간단한 설명은 각주에, 자세한 설명이 필요한 부분은 미주에 적었다.
⑤ 가능한 한 원문을 살려 싣되 오늘날의 표기법에 맞게 교정하였으며 상황에 따라서는 표현을 고치기도 하였다.
⑥ 문장 부호의 표기와 관련해서는 음이 같은 한자를 병기할 때에는 소괄호(( ))를 사용했으며, 앞의 말과 뜻은 같으나 음이 다른 한자를 병기할 때에는 대괄호([ ])를 사용했다.

차례

경부선　　　　　　9
부산　　　　　　　23
진해·마산　　　　　35
통영　　　　　　　49
진주　　　　　　　67
하동·쌍계사　　　 87
지리산　　　　　　105
남원　　　　　　　135
전주　　　　　　　163

주 • 177
안재홍 연보 • 183
후기 • 188

경부선

영호남기행 1
경부선

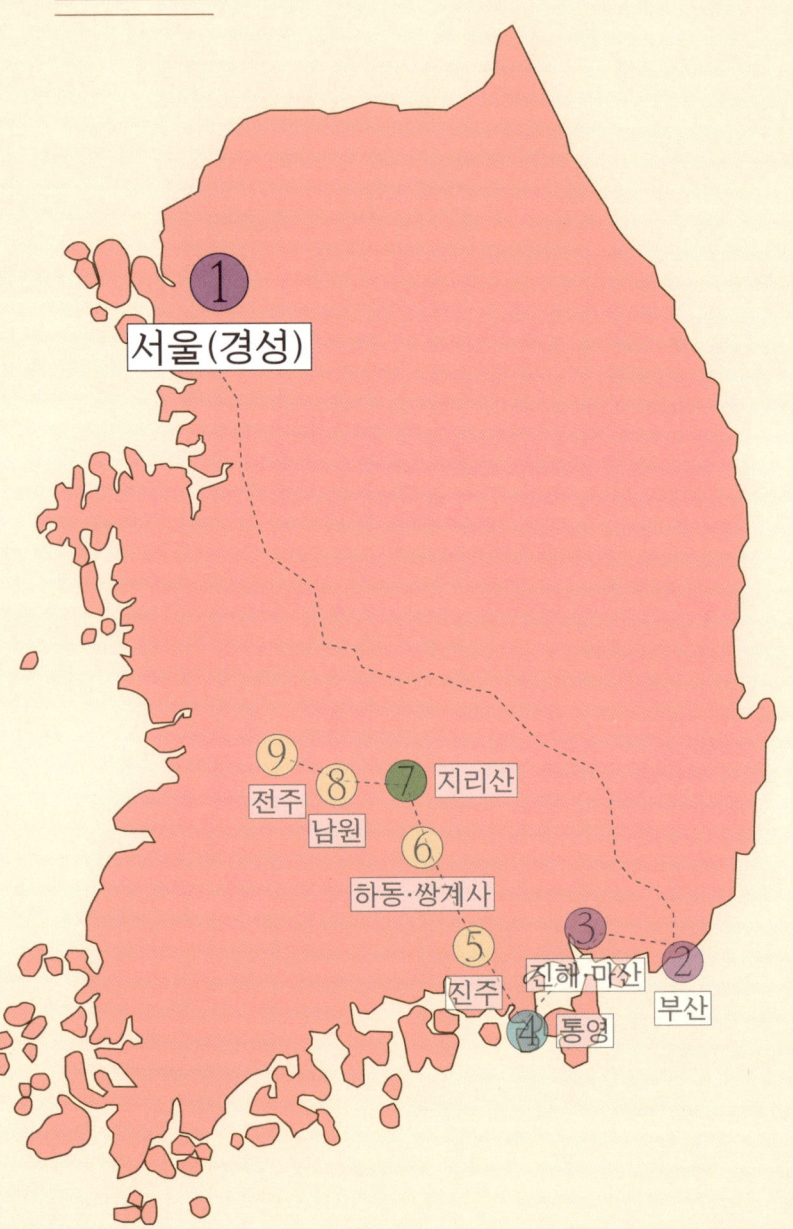

경부선

조선에는 '사치스러운 신사'라는 말이 일부 인사의 말에 있는 줄을 안다. 내가 사치스러운 사람은 아니지만 바쁘기 그지없어서 몸과 마음의 피로가 때로는 극도에 가까울 때가 있다. 휴양 겸 여행하기를 벼른 지 오래되었지만 항상 그 단행할 기회를 얻지 못하였다. 이번에 '경남 기자대회'가 마산(馬山)에서 열리므로 이를 핑계로 삼아 경부선의 선로를 따라 여행하기로 했다.

4월 12일 대강 저녁밥을 먹고 곧장 마산까지 직행하려고 했었는데 13일부터 개최되는 줄로 기억하고 있었던 경남 기자대회가 16일로 연기되었다는 것을 알게 되어 내친 김에 남도 기행을 감행하기로 한 것이 이 진위(振威)행을 지은 인연이다.

고향을 사랑하는 것은 인지상정이다. 내 고향을 소개하고자 함은 아니지만 지나는 길에 진위에 관하여 써보려 한다. 예전에는 삼남 통로로써 역참(驛站)의 소재지였기에 남조선 사람들에게는 꽤 알려져 있었는데, 최근에는 평택쌀의 산출지라고 하거나 혹은 수원(水原)의 남쪽에 있다고 설명을 붙이기 전에는 먼 데 사람은 빨리 알아주지 않는 무명 소읍이다.

내 고향인 까닭에 온갖 것을 다 알아보았다. 『동국여지승람』에는 '고구려 연달부곡(淵達部曲)'이라고 하였으니 문헌에 나타나는 가장 오래된 명칭이다. 고구려가 한창 성할 때에 그 판도가 멀리 계죽, 이령에 미쳤으나 그것은 일시의 일이요, 한강 북쪽으로 혹은 김포반도까지가 그 세력 범위였다. '연달'이라는 명칭이 언제까지 사용되었는지는 자세히 알 수 없다. 그러나 여기가 백제의 영지(領地)요, 또 신라와의 쟁탈지였던 것은 명백하다.

연달 명칭 이후로 '송촌활달(松村活達)'이라는 명칭이 있었고, 신라 이후에는 부산(富山), 금산(金山)이라는 이름이 있었다. 먼저, '달(達)'과 '활달(活達)'은 옛말에 '산' 혹은 '봉우리'라는 뜻이다. 삼국사기(三國史記) 지리지(地理志)를 보더라도 달의 의역이 산으로 사용되어 여진·만주의 방언에는 산의 봉우리를 '합달'이라 칭하니 지명의 고증이 매우 맛이 있다.

다음으로는 '연(淵)'을 '감'이라 할 수 있는데, 흐르는 물이 '감돌아서' 물이 괴어 있는 곳을 '연'이라 하기 때문이다. 그러면 감[淵]과 가마[釜]가 말소리가 유사하고, 달과 산은 동일한 뜻이니 연달과 부산은 사실 같은 말의 다른 해석인 셈이다. 지금 진위 북쪽에 부산동(釜山洞)이 있는데 우리말로 풀어 쓰면 '가마뫼'이다. 송촌활달은 부산으로 번역된 것이니 송(松)과 쇠(金)가 말소리가 가깝고 활달이 산인 것은 앞의 설명과 같다. 고려 이후에 진위라 칭하니 이는 조선의 지명이 한자로 변한 시대의 일이다.

정거장에 내려서 걸어서 마을로 들어서니 구릉이 낮고 평평하며 마을이 뒤섞여 고르지 못하다. 평범한 농촌의 광경이지만 소위 살기 좋은 곳이 아닌 것을 깨닫게 한다. 옛날에 풍수지리를 잘 보던 이중환(李重煥)이 『팔역지(八域地)』라는 책에서 "한남 여러 고을은 촌락이 황폐하여 풍수지리가 슬픈 근심이 들어 살기에 좋은 곳이 아니다"라고 평했다. 풍수가에게서 좋은 땅이라는 인정을 받지는 못했지만 이 정도가 진위에 대한 적당한 평가일 것이다.

십수 년 사이에 주민들의 자각과 당국의 장려가 있어서 나무심기가 성행하여 울창한 소나무숲을 보게 되었는데 최근 몇 년 사이에 송충이 때문에 해를 입어 소나무숲이 쇠하여 없어진 곳이 적지 않다. 앞으로는 적송, 흑송 등의 단순림보다는 밤나무 등을 혼합한 잡목림을 장려할 필요가 있을 것이다.

"뛰어난 인재는 땅의 정기와 밀접하다"라는 말과 관련해 일찍이 소년 시기에 진위 출신 인물을 찾아본 일이 있었다. 군으로 합쳐지기 이전의 진위에는 작은 군이 있었거니와 고려 고종 4년(1216년)에 군민 이장대(李將大)라 하는 사람이 고려가 몽골과 전쟁 중인 시기를 타서 반란을 일으켜 정국 병마사인가를 자칭하고 당시 수원, 광주 2주의 관군과 수개월 동안 큰 싸움을 하였다고 한다. 그의 옛 전쟁터가 내가 살았던 곳의 근처이다. 그런데 이러한 인물이 가장 걸출한 사람일까 하고 쓴웃음 지었던 일이 생각난다.

다만 군내 곳곳이 모두 옛 전쟁터의 유적으로 채워져 있다. 평택(平澤), 영신(永新), 송장(松莊) 등의 장소는 고려 말 왜구가 교대로 침략한 땅이라고 역사책에 실려 있고, 그 외에 임진왜란(1592년) 때에도 적과 조선군이 싸웠던 흔적이 여기저기에 흩어져 있다. 고려 말에는 서해로 들어오는 왜구들이 아산만(牙山灣)을 통해 바다 가까운 곳이라는 이유로, 임진란에는 삼남의 통로라는 이유로, 혹은 호서의 큰길에서부터 김포(金浦), 고양(高陽) 일대를 연결해 주던 길목이라는 이유로 전쟁터였기에 지금까지 토성 혹은 민보(民堡)*의 자취가 많이 남아 있다.

갑오년(1894년) 청일전쟁 때에도 아산만을 통해 상륙한 청나라 병사들이 성환(成歡)의 평야에서 일본군과 교전했는데, 청나라 군인 섭지초(葉志超)와 섭사성(聶士成)이 끌던 부대가 패전했다. 당시 소총과 대포의 소리가 그 주변에 살고 있던 주민들의 간담을 서늘하게 하였다는 것은 지금까지도 그 일을 회상하는 이들의 이야깃거리이다. 여기까지는 옛날의 일이고, 최근의 일은 소개할 내용이 없으니 이제 붓을 내려놓으려 한다. 우연히 고향에서 하루 동안 편안한

---

*   백성들이 적의 침입을 막기 위해 튼튼하게 쌓은 구축물.

생활을 한 것만은 의외의 수확이다.

"인생 백 년에 한가로움을 얻기가 참으로 어렵다"라고 옥중에서 한탄한 사람이 있다. 백 년의 한가로움이 반드시 인생에서 추구해야 할 목표는 아니겠지만 마치 말같이 바쁜 생활 탓에 이름 높은 한양의 봄색도 즐길 날이 없었다. 작년 봄에는 유명하다는 창경원의 벚꽃조차 충분히 즐길 겨를이 없이 지냈다. 이제 마산 여행의 기회가 생겨 춘풍 천 리 남국의 봄소식을 전하게 된 것은 덧없는 인생에 분에 넘치는 한가로운 일이라고 할까?

남원(南原) 가는 이 도령의 행색은 아니지만 늦은 밤 한강을 넘어 진위로 가는 기차를 탔는데 철길 부근에서는 봄의 기운을 느낄 수가 없었다. 고향에 머무르는 하루 동안 조상 묘에 가득 핀 쓸쓸한 할미꽃을 보았고, 복숭아꽃, 살구꽃, 개나리 등은 아직 꽃봉오리로만 맺혀 있다.

경부선 기차 안에서 창문을 통해 시시각각 달라지는 남국의 봄색을 앞은 채로 바라보니 산수의 아름다운 경치 속에서 놀고 있는 듯하다. 청일전쟁이 벌어졌던 장소로 기억되는 성환역 부근에서는 벌써 연한 녹색의 버드나무 싹이 올라온 모양을 보았다. 민요에 나오는 천안삼거리 능수버들을 생각한다. 좀 더 지나 부강(芙江)쯤 오니 황량한 촌락에 살구꽃이 활짝 피었고 개나리도 아주 한창이다. "개나리가 지고 나니 살구꽃이 활짝 피는구나"라는 한시가 있다. 두 가지 꽃이 한꺼번에 활짝 피는 것을 보는 것은 재미가 있다. '신이화(辛夷花)'를 다른 말로는 '개나리'라 하니 '나리'는 백합을 가리키는 말이다. 따라서 개나리는 '가짜 백합[假百合]'이라 할 수 있다. 이로써 유럽어 '캐나리'의 귀화어로 생각하는 이가 있는데, 이는 잘못일 것이다. 백합과 신이(辛夷)가 하나는 알뿌리 식물이고 하나는 관목(灌木)이지만, 꽃이 같은 과(科)에 속했기에 이렇게 이름지은 것이다.

대전(大田) 도착 전, 신탄강(新灘江)에서 머리에 두건을 쓴 뱃사공이 좁고 긴 나룻배에 흰옷 입은 4~5명 남녀를 태우고 깊고 푸른 강물을 건너려 하는 것을 보며 시 한 편을 짓고 싶은 마음에 잠기려 하였다. 저 모습이 마치 나그넷길과 같은 우리의 인생에서 알 수 없는 한 치 앞을 상징하는 것처럼 느껴졌지만 말로는 표현할 길이 없다.

대전역을 지나 사방에 솟아 있는 산을 바라보며 한참 장엄한 기분에 빠져 있는데 한 나무꾼이 아이와 함께 길가에서 쉬고 있는 모습이 보였다. 풀로 엮은 망태기에는 마른 풀이 한 짐이요, 그 옆에는 선명한 진달래꽃이 한 묶음이다. 활짝 핀 진달래꽃을 보는 것은 여기가 처음이다.

심천(深川)까지 가서야 절벽 중간에 매달려 있는 진달래꽃을 보았다. 큰길가 일대에서는 다시 활짝 핀 진달래를 찾을 수 없었다. 나는 꽃을 사랑한다. 그러나 꺾는 것은 즐기지 않는다. 꽃은 봄의 중심이고 생명의 표식이다. 벌과 나비가 꽃을 탐낸다는 말이 있거니와 꽃을 탐내는 것은 벌과 나비뿐이 아닐 것이다. 무릇 생명을 가지고 있으면서 생명을 예찬하는 자라면 누구든지 꽃을 좋아할 것이다.

그러나 모처럼 때 만나 핀 꽃을 한 손으로 꺾어 버리는 것은 잔혹하다. 꽃을 사랑한다면 차라리 정원이나 마을에 옮겨 심거나 그럴 수 없다면 차라리 그냥 두고 볼 것이다. 꽃을 꺾으면 그 생생한 꽃의 향기가 사라진다. 하물며 시든 뒤에는 다른 먼지와 함께 버리는데 이는 더욱 할 수 없는 일이다. 봄의 꽃과 가을의 단풍을 수많은 관광객들이 한 다발씩 꺾어 들고 다니는 것을 보면 애석하기 짝이 없다.

이제 추풍령(秋風嶺)을 넘는다. 높고 험준하게 솟은 산들이 잔뜩인 곳에서 북쪽으로 흐르는 계곡물은 오히려 완만하게 흐른다. 추풍령은 경부선 중 가장 높은 지점이다. 백두의 줄기가 속리산(俗離山)까지 내려왔다가 역행하여 한남정맥과 금북정맥의 여러 산맥을 이루었고 차령산맥으로부터 남쪽으로 이어진 산맥은 호남 일대에 뻗쳤으니 추풍령은, 즉 속리로부터 서쪽을 향하는 중간 지대이다. 옛날 임진왜란 때에 일본 무장 구로다 나가마사[黑田長政]가 일본 서로군(西路軍)을 거느리고 추풍령을 지나 청주(淸州)와 죽산(竹山) 등의 지역들을 거쳐 북상했다고 한다. 우리네 머릿속에는 이러한 관련된 곳을 지날 때마다 이런 생각을 안 할 수 없다.

조선의 기후가 추풍령을 경계로 삼아 남쪽과 북쪽이

다른데, 추풍 이북에는 물이 북쪽으로 흐르고 추풍 이남에는 남쪽으로 흐르는 것도 매우 흥미로운 현상이다.

　추풍령을 넘어 더 남쪽으로 이동하는 도중 직지사(直指寺)라 하는 산속의 작은 역이 활짝 핀 개나리에 파묻혀 있다. 직지사역의 이름을 보니 "사람의 마음을 곧장 가리키면 문득 깨달아서 자기 본래의 성품을 바로 볼 수 있다[直旨人心]"[1]라는 문구가 떠올랐다. 바쁜 여행 일정이라 직지사의 아름다운 경치를 찾아볼 수 없는 것이 못내 섭섭한 일이다. 김천역(金泉驛)에 당도하니 비로소 활짝 핀 벚꽃을 볼 수 있었다. 이것이 남쪽 지방에서 느낄 수 있는 봄 분위기의 제1경이라 할 것이다. 벚꽃에 관해서는 나중에 따로 쓰고자 한다.

　떠나는 길에 뒤를 돌아보니 김천의 한 냇물 주변에서는 흰옷을 입고 하얀 수건을 머리에 쓴 채 빨래하는 아낙네들의 방망이 소리가 한창이다. 맞은편 백사장 위에는 하얗게 세탁한 베와 상복이 그럴듯하게 보인다. 대신역(大新驛)을 지나니 오후에 집으로 돌아가는 아이들이 손마다 한 다발씩의 진달래를 들고 즐거운 듯이 지껄이며 돌아가는 모습이 매우 마음을 기쁘게 한다.

　　　고요한 가을의 차가운 밤, 귀뚜라미야 울지 마라
　　　어지러운 때의 물결 이적엔 어이 되고
　　　등(燈) 아래 홀로 누운 몸이 한숨 겨워 하노라

예전에 대구(大邱)의 감옥에 있을 때 지은 시이다. 시의 내용과 상관없이 나에게 대구는 잊기 어려운, 인상 깊은 도시이다. 기차는 추풍령을 넘어 약목역(若木驛), 왜관역(倭館驛)을 지나서 대구까지 왔다. 왜관은 낙동강의 중류가 굽이를 지어 흘러가는 곳이라 장강대하(長江大河)의 맛이 있다. 십수 년 전 필자가 왜관에서 내려서 "이놈의 자식, 말!" 하고 사투리 쓰는 마부들과 함께 조그마한 배로 낙동강을 건너고 말 한 필로 바람리를 넘어 성주(星州) 읍내까지 가던 일이 생각난다. 오른편으로 달성공원의 들뜨는 봄색을 바라보고 왼편으로 금호강의 잔잔한 물결을 바라보며 추억 많은 대구역에 도착했다. 도착하고 나니 십수 년 전의 추억은 사라지고 다만 기미년(1919년)부터 임술년(1922년)까지 깊고 깊었던 옥중 생활이 되살아난다. 대구역에서 10분 간 쉬었다 가는 시간을 이용하여 구름다리를 건너 개찰구까지 가서 역 앞에 몰리는 군중을 쳐다보았다. 동쪽으로 팔공산(八公山), 서쪽으로 남산(南山)의 푸른 경치가 옛일을 떠올리는 필자의 감회를 돕는다.

감옥의 운동장에서 삭풍이 살을 에는 듯한 추위에 덜덜 떨던 수인(囚人)에게는 흰 눈이 하얗게 덮인 팔공산의 봉우리들이 마치 거칠고 사나운 마왕(魔王)과 같이 보이더니 지금은 그저 팔공산의 풍경이 빼어난 경치로 느껴질 뿐이다. 더욱이 남산은 감옥의 창으로 햇볕을 실어 오는 봄날과 함께 바깥세상을 향한 동경의 상징으로 바라보았었는데 오늘은 다정해 보인다.

　더 남쪽으로 내려가 경산역(慶山驛)을 지난다. 경산은 경부선 큰길 근처에 있는 지역 중 평택역과 함께 갖가지 곡식 산출이 풍부한 곳이거니와 올해는 오래 가는 봄 가뭄 때문에 경산 평야에서 이삭 한 톨 볼 수 없다. 고개와 굴을 지나 청도역(淸道驛)을 거쳐 밀양역(密陽驛)에 도착했다. 밀양강 일대에는 물과 돌이 이어져 있다. 용두산(龍頭山), 종남산(終南山) 등 모든 산이 높이 솟아 삐죽삐죽한 모양으로 늘어서 있는데, 좌우가 넓은 영남루가 밀양강 안에 반듯이 서서 넓은 광야의 경치를 삼키는 듯하다. 밀양은 예전에 즐겁게 놀던 땅이요, 사방에 지인이 많은지라 여러 추억을 떠올리게 한다.

　삼랑진(三浪津)에 다다르니 벚꽃이 구름 같다. 물가에 구름같이 늘어선 담백한 벚꽃의 무리에 복숭아꽃이 사이사이 끼어 있어 붉은 점을 찍은 듯한 모습이 견줄 데가 없다. 벚꽃이 일본의 국화인 것은 누구나 알 것이다. 꽃을 인물에 비유한 것이 많으니 모란이 부귀한 사람, 연꽃이 군자, 국화가 은사(隱士)*, 매화가 가난한 선비 혹은 숙녀, 장미가 소인(小人)**, 해당화가 미인, 복숭아꽃이 기생으로 비유되는 것은 꽃을 아는 사람이면 모두 짐작하는 바이다. 유녀(遊女)***를 상징하든 숙녀를 나타내든, 담백한 꽃구름 속에서 아주 붉은

---

* 　벼슬하지 않고 숨어 사는 선비.
** 　마음 씀씀이가 좁은 사람.
*** 　몸을 파는 여자.

복사꽃을 보니 뜨거운 정감이 일어나지 않을 수 없다.

유천(楡川)과 밀양 일대에 계곡과 산이 띠처럼 둘러 있다. 대나무숲을 바라보며 더 분명하게 남쪽 지방의 분위기를 느끼게 되었는데 삼랑진 남쪽에는 무성한 대나무숲이 곳곳에 펼쳐져 있다. 작원관(鵲院關)을 바라보며 옛 전쟁터에 남아 있는 두려움을 추모했다. 물금역(勿禁驛), 구포역(龜浦驛) 등을 지나 부산진역(釜山鎭驛)까지 왔다. 삼랑진 부근부터는 질펀한 낙동강의 하류가 기찻길과 나란히 흘렀다.

작년 여름 낙동강 하류에서 일어난 대홍수 때문에 대저면(大渚面) 일대의 주민들이 모두 물고기와 자라를 얻을 정도였다더니 지금도 강줄기를 따라 모여 있는 촌락에서 느껴지는 쓸쓸한 풍경은 마치 전쟁 후의 동네를 보는 것 같다. 작년 8월에 부산(釜山)을 다녀가는 길에 기차로 이 지역을 통과한 적이 있다. 그때 재해를 입은 한 아낙네의 처연한 울음소리를 듣고 시름에 잠기고 마음이 상해 서울에 돌아가서 8~9일 동안 계속해서 슬픈 마음을 신문에 글로 남겼더니 이로 인해 본 신문인 『조선일보』는 발간을 정지당했었다. 재해의 표상인 울음의 족보를 쓴 것은 좋지 못한 일이라 하여 언론인들 사이에서 가끔 비웃음을 받았으므로 이번에는 될 수 있는 대로 환희의 봄빛을 널리 독자에게 소개하려고 한다.

대구 부근에서부터 기온이 조금씩 높아져서 침울한 기분이 깊었다. 부산진역에 내려서 부산항의 바다를 바라보니 심기일전, 자못 시원함을 느꼈다. 뜻밖에 한 지인이 대구에서부터 함께 차를 타고 그곳까지 왔다고 한다. 동래온천(東萊溫泉)으로 향하는 전차에서 다시 한 지인을 만났다. 이번 여행은 홀로 다니며 한가한 일정을 보내려고 하였기에 다른 지인들에게는 알리지 않았다. 추억 많은 좌수영(左水營)과 남문 등을 지나 동래성을 남쪽에 두고 온천장 속으로 푹 파묻혀 버렸다. 봉래교와 백녹교 등에는 소나무숲과 앵두꽃이 어우러져 있는데, 여기는 기존 유원지에 다시 인위적 기교를 더한 것이다.

부산

영호남기행 1

부산

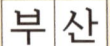

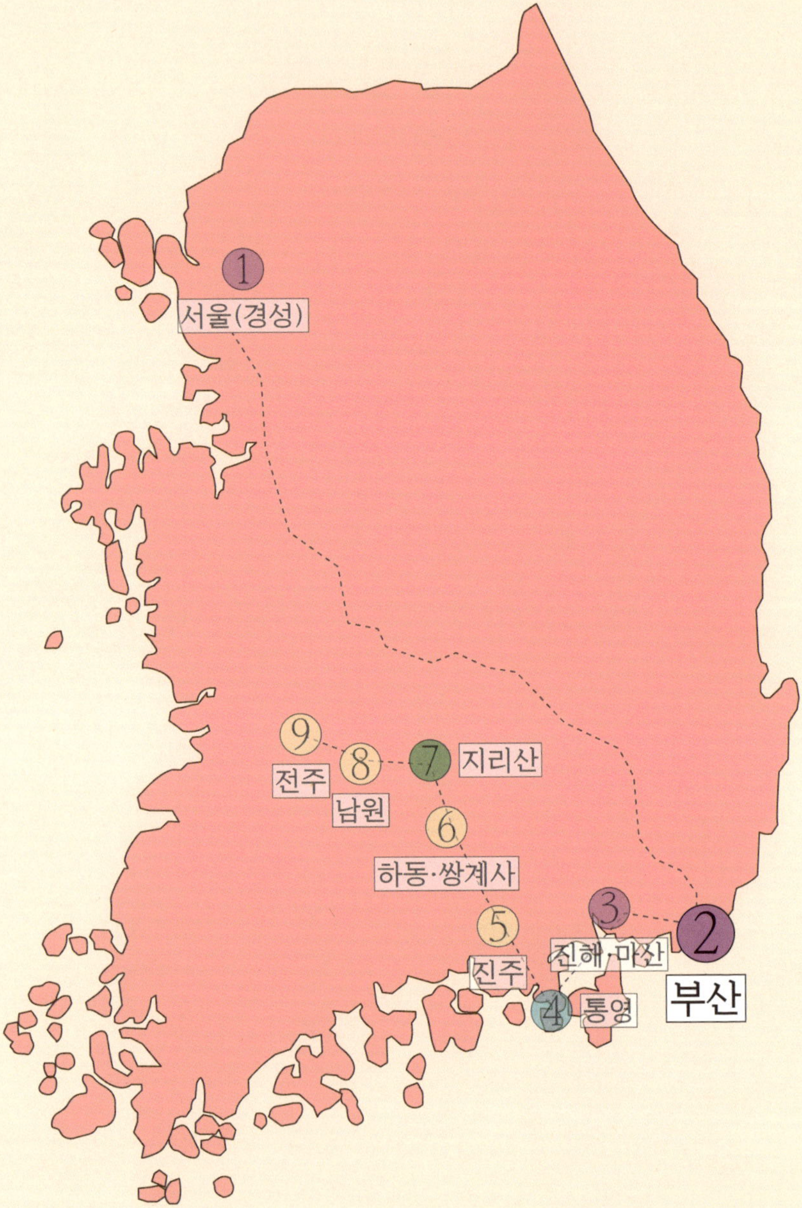

부산

 "꽃 피는 시절에 봄비가 많다"라고 옛 시인이 한탄한 바 있다. 봄바람은 마치 티끌이 천 리를 갈 수 있을 것처럼 급하게 부는 바람이다. 이런 봄바람이 부는 데도 감상하는 사람의 가슴이 답답하기만 한 것은 한스러운 일이다. 만약 호화롭게 풍류를 즐기는 사람의 한가로움 때문이라면 문제될 게 없을 것이다. 그러나 내가 한스러운 것은 천 리 여행길에서 만난 우리나라의 산하에 나무나 풀이 보이지 않았기 때문이다. 무너진 촌락에는 곳곳마다 힘든 얼굴빛에 흰옷 입은 이들이 방황하고 있는 것이 무엇보다도 분명하게 보인다.

 고향 진위에서도 최근 배고픔을 못 이길 지경에 있는 사람들이 많다는 말을 들었거니와 철길 따라 보인 각 지역마다 이런 비애가 없는 곳이 없을 것이다. 흰옷 입은 사람이라고 별로 좋은 명칭도 아니지마는 천 리를 다니는 동안 오직 흰옷 입은 무리들이 움직이는 것만 주로 보게 되니 조선인은 '흰옷을 입는 사람들'이라고 말할 수 있을 것이다. 그런데 백의(白衣)를 숭상한 지가 오래되었다고 하는데 고대부터 흰옷을 애용하였는지는 의문이다. 음양오행설에 따르면 흰색이 서쪽[金]을 가리키는 색깔이기에 동쪽[木]에 위치한 우리나라는 푸른 옷을 장려해야 한다는 논의가 이미 고려시대에 있었다. 그렇기 때문에 '백의 폐지 운동'은 그 연원이 오랜 것을 알 것이다.

흰옷이 다시 널리 유행하게 된 것은 근대의 일이라 한다. 지금부터 100여 년 전부터 국상(國喪) 때 흰옷을 입음으로써 그 뒤로 십수 년 만에 흰옷을 입는 풍속이 이루어졌다고 한다. 바쁜 여행 중이라 이를 고증할 길 없거니와 백의는 여러모로 좋지 못하다. 이 엷고 엷은 흰옷이 비바람에 견디지 못할 뿐만 아니라 때와 더러움을 잘 타고 그로 인하여 행동상, 경제상 막대한 손해를 미치게 되니 백의를 폐지하고 봄과 여름 정도의 계절에만 입는 것으로 제한하는 것이 매우 좋을 것이다.

넓은 들, 좁은 두렁에서 썩은 풀을 깎고 있는 흰옷 입은 사람이 있다. 매우 굶주린 기색이다. 산비탈 푸른 보리밭에서는 농촌의 젊은 아낙네들이 잡초를 매다가 기차가 닿는 것을 보고 우두커니 서 있다. 궁핍과 무료에 깊이 빠진 그들의 가슴에는 표현하지 못하는 큰 슬픔이 있을 것이다. 높은 산 깊은 골짜기 속에 검은 삿갓과 흰 도포를 입고 유유히 걸어가던 나그네가 기차로 인해 길이 끊어진 곳에서 두 무릎을 끼고 앉아 망연히 기차를 바라보고 있다. 인생의 갈림길에서 갑작스럽게 큰 장애물을 만난 패자의 비애를 상상하고 있는 것이 아닐까 싶다.

신작로를 고쳐 쌓는 사람, 대홍수에 토사가 덮인 전답을 수리하는 사람 등 남북 각지 흰옷 입은 무리의 노동은 그들의 매우 부지런한 노력을 깨닫게 한다. 1년의 수확을 위한 희망의 첫걸음이라고 기뻐하였을 것이다. 그러나 황폐한 논과 들에서 쓸쓸히 노동하는 그들은 얼굴에 핏기도 없고 누르스름한 얼굴빛이 있을 뿐이다.

최근 십수 년 동안 경부선 주변 지역들에서 소나무숲이 무성한 것을 보았었는데 이번에는 도리어 민둥산과 황폐한 밭이 곳곳에 가득한 것을 보니 놀랍기만 하다. 숲의 결실이 얼마만큼이나 가뭄을 방지하는지는 별도 문제로 하고서라도 붉은 민둥산이 비 오는 시기에는 탁류를 만들어 내 논과 들의 농작물을 망치는 것은 세상 사람들이 항상 목격하는 바이다. 경성(京城)에도 인왕산(仁旺山)과 북악산(北岳山) 일대의 토사로 인해 작년 이래 청계천(淸溪川) 하천 바닥이 여러 척의 높이가 더해진 것을 보았거니와 우리나라 천리에 범람한 자취를 남기지 않은 하천이 없다. 흙과 모래로 덮인 논밭도 매우 많다. 하천 바닥의 높이가 보통 전답의 평평한 면과 같거나 혹은 한두 척이나 높은 것도 있다. 대신역 부근에는 물 없이 넓은 서너 간의 강바닥이 보통 밭보다 서너 척이나 높게 있어서 제법 덩그렇게 보인다.

홍수 때문에 둑이 한 번 터지면 부근의 밭이 모두 모래사장으로 변할 것은 당연한 일이다. 필자가 일찍이 부여의 송월정(松月亭)에 앉아 백제의 옛 강산을 전망한 바 있었거니 오정대 일대의 백마강(白馬江) 주변은 왼쪽 언덕의 논과 들보다 수십 척 높아서 마치 만들어 낸 물길을 보는 것 같았다. 이러한 현상은 하천이 있는 곳에서 이따금 발견할 수 있다. 치산치수와 산미증식은 지금 조선을 통치하는 당국의 방침이라 한다. 예전에 정무총감 유하사(湯淺) 씨가 조선에 부임하는 도중에 소위 물질결합에 관한 글을 발표하여 조선인을 물질적 이해의 관점에서 조종할 것을 암시한 바 있다. 치산치수와 산미증식 등의 정책이 얼마나 조선의 경제적 사정과 정치적 추세를 움직이게 할지는 주목할 문제이다.

　평안남도 산지에는 '나카무라(中村) 수리조합', '스미토모(住友) 광업', '가타쿠라(片倉) 제사공장' 등의 기업이 수백만 그루를 헤아리는 대대적인 조림을 하고 있다. 경북에도 2천5백만 그루의 대규모 나무 심기를 단행한다고 한다. 민둥산과 거친 논밭이 모두 저들의 권력과 자본에 의해 꾸며지고 개척된다고 하는데, 이것이 과연 흰옷 입은 조선인의 배고픔에 얼마큼이나 도움이 될 수 있을는지는 큰 의문이다.

　피곤에 지친 몸으로 늦게 여관에 들어갔다. 이날은 음력 3월 3일이라[1] 유흥객이 매우 많고 일본인 유흥객은 더욱 많아서 응접실에서는 예기(藝妓)들의 샤미센[三味線][*] 소리와 함께 환락의 소리가 밤 깊도록 그치지 않는다. 저녁을 먹은 후에 온천에서 목욕하고 두터운 이불 속에서 아침까지 계속 자버렸다. 좌우 객실에서는 젊은 남녀들의 요란한 이야기 소리가 잠들기 전까지 고요함을 그리워하는 피곤한 고막을 건드린다. 소위 풍기 문제에 관해 동래서장이 법치국가를 운운하며 엄중하게 다스리겠다고 말했다가 폭언이라며 큰 공격을 받은 적이 있었다. 그 이후로는 풍기문란을 지적하는 일이 공개적으로 허가를 받는 일이 되었다고 한다.

　15일 아침이다. 느지막하게 일어나 세수하고 원고를 써 보낸 후 동래 지국을 방문하려고 문밖을 나서니 뜻밖에 강주한 씨가 자동차에서 내린다. 강 씨는 『동아일보』 진주(晉州) 지국장인데 돌아가는 길에 마산에서 열리는 기자대회에 참석할 생각이라고 한다. 다시 의재 허백련(毅齋 許百鍊)^{**} 씨가 봉래관(蓬萊館)^{***}에 체류하고 있다는 소식을 듣고 잠시 방문하였다. 허 씨는 봉래관의 방 하나를 빌려 식사는 별관에서 하면서 전념으로 작품을 만들고 있는 중이다. 이번 미술전람회에 출품할 것도 준비되었다 한다.

　전차로 동래성에 들어가니 성벽은 헐어서 치워진 지 오래거니와 시가의 규모는 그다지 바뀐 것이 없다. 옛 객

---

[*]　일본의 대표적인 전통 현악기.
^{**}　허백련(許百鍊, 1891~1977): 전남 진도 출신의 동양 화가.
^{***}　부산에 있던 개항기의 숙박 휴양 시설.

사의 앞에 다다르니 '동래도호아문(東萊都護衙門)'이라는 옛 현판은 의연히 걸려 있는데 좌우에 보통학교의 건물이 있고, 우뚝 솟아 있는 오래된 누각은 지금은 가마니 제작소가 되어 가마니가 동쪽에 가득 쌓여 있다.

지국을 찾아가니 지국장 백광흠 씨는 부친상을 당한 지 얼마 되지 않아 아직 비통의 기색을 벗지 못하였다. 한동안 회담한 후 점심 식사를 대접받고 돌아왔다. 어제 부산진에서 약속한 경남은행의 서상호 씨는 사고로 인하여 방문하지 못한다고 한다.

소년 시대 때 받았던 인상은 일생을 지배하기 때문에 어느 곳을 가든지 예전에 받았던 인상이 되살아나서 그것이 곧 감흥의 중심이 된다. 17년 전 처음으로 동래성에 와서 수일 간을 머물렀던 적이 있다. 그때는 성벽이 건재하였으므로 남문에 올라 임진왜란 때 의로운 사람이었던 송상현(宋象賢) 선생의 곧은 의지를 생각했었다.

어제 작원관에서는 병사 이각(李珏)이 밀양부사 박진(朴晉)과 함께 진을 쳤다가 일본군에게 몰래 습격을 당해 마침내 패전하였다는 것을 떠올렸다. 임진난 당시 송상현이 동래에서 맹렬하게 싸울 때 이각은 그를 지원하지 않고 금정산(金井山)으로 물러나 주둔했다고 한다. 금정산은 온천장(溫泉場)의 섬세하고 화려한 골짜기의 아름다움을 놓고 배후에는 웅장한 산의 아름다움이 펼쳐진 일대에 방어진을 만든 것이다. 송상현이 동래에서 전사할 때 부채 위에 "고립된 성을 적군이 달무리처럼 포위하였고, 임금과 신하 간의 의리가 중하여 여기서 죽게 되었으니, 부모님의 은혜를 소홀히 여기는 불효를 용서하소서"의 두 구를 써서 그 부친에게 죽음의 뜻을 알렸다 하니 분개하며 탄식한 것은 다만 임난 당시 송상현이 당했던 운명뿐이 아닐 것이다.

내가 투숙하는 동래별장(東萊別莊)은 원래 산해여관이었는데 진주의 자산가 모 씨가 경영하다가 실패하고 일본인에게 팔리게 된 것이다. 진해(鎭海)의 빈집을 헐어다가 이 집을 짓고 정원과 여러 설비를 만드느라 십수만 원을 썼는데 일본인 숙객은 많이 오지 않았고 조선인 숙객은 정해진 규칙을 잘 지키지 않았다. 특히 일본인들이 미인을 끌어들여 탕에서 음탕하게 노는 것을 일삼을 때 서로 간에 발견됨을 싫어하여 일본인 여관으로 가게 된다고 한다. 그 외에도 일본인에 의하여 지배되는 온천은 여러 가지 방법으로 이용이 막히게 되자 할 수 없이 막대한 손해를 보고 일본인에게 판 후 요즘은 번창하게 되었다고 한다.

서울을 비롯한 시골 각지에 수리 사업, 광산, 교통·운송 등의 사업이 진행 중인 경우가 많다. 그런데 이러한 경로를 밟아 일본인의 손바닥에 들어가게 되고, 일본인의 손바닥에 들어가면 반드시 곧 번창한다. 한 여관이 쇠퇴하여 망하는 과정을 통해 권력을 잡지 못한 조선인이 경제적으로 파멸하는 모습을 설명할 수 있을 것이다.

이곳에는 벚꽃이 활짝 피어 일반 유흥객 외에도 소풍

을 온 남녀 학생들이 매우 많다. 벚꽃마다 나무패가 달렸기에 가까이 가서 보니 "꺾고서 벌 받지 말고 쳐다보고 즐겨라"라는 표어이다. 아마 동래경찰서 누군가의 머리에서 짜낸 경치 보호의 묘안일 것이다. 관광지에서도 경찰이 벌을 준다고 협박해야 할 정도라니, 문명을 자랑하는 20세기의 사람들이라 해도 별로 큰소리할 낯짝도 없어 보인다. 밤에는 찾아온 서너 명 벗과 함께 이야기를 나누다가 잠들었다. 오늘 약속한 벗들을 만나느라 제대로 쉬지 못한 것이 좀 유감이다.

16일 아침이다. 6시에 일어나서 욕실에 가니 미인을 데리고 온 일본 여행객의 남녀 혼욕(混浴)이 있다. 모처럼 만난 나체 미인이지만 체격이 빈소하고 피부색이 핏기가 없어 아름다운 곳이 없으니 유감이다. 동양 여자의 신체 구조는 몸체가 둥글고 팔다리가 짧으므로 호박에 다리를 붙인 것 같다 하더니 과연 그 나체미가 부족한 것을 체험하였다.

조식 후 바삐 원고를 써서 부치고 출발하기로 하였다. 허의재 화백에게는 한 폭 그림을 청하기로 한 후 강 군과 마산까지 동행키로 하고 자동차에 올랐다. 부산진까지 요금이 40전이니 전차보다 15전이 비싸다.

봉래교를 건너니 중학생 한 무리 100여 명이 줄을 서 있고, 그 뒤에도 흰 저고리에 검은 치마를 입은 여학생들이 4~5 대열을 이루고 있다. 일본인 남녀 소학생도 몇 차

레나 온천장으로 향하는 것을 보았다. 조선인 여학생들의 우아하고 고요한 태도는 매우 얌전해 보인다. 뒤를 보니 자줏빛 댕기가 봄바람에 가벼이 나부낀다. 말로 형언할 수 없는 멋이 있다. 조선 여자옷이 우아하고 아름다운 것은 정평이 있는 바이다. 일본의 학생들은 모두 죽장과 목봉을 들고 길 가운데로 마구 달리며 자동차를 향하여 흙덩이를 던지고 목봉으로 차창을 후린다. 이런 모습들에서 학생의 기질을 알 수 있다.

동래와 부산에는 아는 지인이 많은데 이번에 한 사람도 만나지 못하고 그대로 출발하니 매우 미안하고 섭섭하다. 부산진에서 한 명을 만났고 삼랑진에서 다시 몇 명을 만났다.

작년 수해 때 피해를 입은 이재민 동포에게 러시아에서 온 돈을 전달하려고 출장 온 조선기근구제회의 배덕수 씨도 중간에서 차를 함께 탔다. 낙동강 철교를 건너서 마산까지 오는 길의 좌우에 광활한 풀밭이 있다. 매년 침수되기 때문에 개간하지 못한다고 한다.

진해·마산

영호남기행 1

| 진 | 해 | · | 마 | 산 |

① 서울(경성)
② 부산
③ **진해·마산**
④ 통영
⑤ 진주
⑥ 하동·쌍계사
⑦ 지리산
⑧ 남원
⑨ 전주

진해·마산

　17일 오전에 강주한 씨와 함께 자동차 편으로 진해까지 가기로 하였다. 대부분의 유람객이 진해에 가는 것은 벚꽃을 보기 위해서이다. 진해만(鎭海灣)은 동양의 대표적 서양식 항인데 세 척의 군함이 들어갈 만한 크기다. 이제 일본이 이곳에 군항을 설치함으로써 나가사키현[長崎縣] 사세보(佐世保) 항과 함께 남해의 제해권*을 유지하기 위한 근거지로 삼고 있으니 이것이 진해만을 보아야 하는 첫 번째 이유이다.
　구마산(舊馬山)에서 마산역까지는 시내이기에 자동차로 5전이면 간다. 자동차에서 내리자 조선철도회사 출장소에 가서 진주, 마산 간의 왕복 표를 얻었다. 배가 출발하기까지 여유가 있으므로 시가지를 잠깐 살펴보았다.
　마산은 벚꽃의 명소라는데 벚꽃은 벌써 다 졌다. 그러나 마산의 신사(神社) 문 안으로 보이는 벚꽃이 자못 황홀하

---

*　바다를 군사력으로 지배하는 힘.

고 아름다웠으며 마산교 일대의 벚꽃은 푸른 시내를 끼고 동서로 늘어져 아직 며칠 동안 피어 있을 만한 기운이 있다. 잔교(棧橋) 옆에 물가에 지은 정자가 있는데 일본인이 경영한다고 했다. 거기서 점심을 먹고 50전에 왕복 배표를 사니 배는 정오에 출발한다. 배 위에서 다시 두 사람의 동행자를 만나니 우리의 일행은 4인이다. 갑판 위에 최고 좋은 곳을 점하여 해산(海山)의 풍경을 빈틈없이 바라보기로 하였다.

    구마산을 들러 다시 승객을 태우고 그대로 남향하여 푸른 산과 파도의 한중간을 질러 나간다. 서쪽을 바라보니 서산 일대에는 소나무숲이 울창하고 바다 가운데로 보이는 일본 중포병대의 사옥들과 바닷가의 연병장은 저들의 군국적 배치가 크다는 것을 알게 한다. 이 땅은 원래 러시아인의 경영지였다. 그러나 러일전쟁이 벌어지자 러시아인은 돌아갔고 일본이 이어서 이를 경영하여 지금 중포병대의 주둔지가 되었다. 사관의 관사들 또한 시설이 견고하다.

    저도(猪島)의 동쪽으로 빠져 산봉우리를 몇 번이나 끼고 돈 다음 배에 내리니 배로 이동한 시간이 약 1시간이었다. 탄탄한 큰길로 행하여 진해 군항(軍港) 서문으로 들어가니 총을 가진 해병이 지키고 있다. 소나무숲이 어울려 푸른 곳에 뒤로 북산을 등지고 앞으로 만의 입구를 비워 흙으로 만든 제방이 거침없는 것은 곧 군사적 대비가 치밀하다는 것을 알게 한다. 콘크리트로 만들어진 장벽을 끼고 동쪽으로 가서 진해 방비대의 영사를 관람하니 안내하는 병사가 친절히 설명한다. 영내에는 소구경 야포(野砲)와 해군포(海軍砲)가 있을 뿐이다. 숙소(宿所)라고는 하지만 반달 모양의 강당에 중간 규모의 방을 마주 대하여 검은색의 쇠 갈고리가 양편으로 있다. 거기에 베로 제작한 침구를 걸고 땅에서부터 사람 키 높이 이상 떨어진 공중에서 자게 되어 있으니 군함 가운데에서의 생활과 다를 것이 없다.

구내에 벚꽃이 만발하였다. 맑은 향이 코를 건드려 자못 상쾌한 느낌을 준다. 일본을 비유하는 자여, '무정화무(無情花無)'*라는 말이 있는 것처럼 감정이 없는 꽃은 없다고 하지만 맑은 향이 가득한 것은 여기서 처음이다. 북산(北山)을 등진 곳에 붉은 벽돌의 방비단사령부(防備團司令部)가 있는데 넓고 웅대한 산악미(山岳美)와 어울려 천 그루 벚꽃이 활짝 핀 경치가 자못 말로 표현할 수 없다. 더욱이 하사관 등의 주택으로부터 구락부(俱樂部)** 유원지 등 동서 몇 리의 넓이에 소나무와 벚꽃, 또 벚꽃과 수양버들을 간격을 두고 심어 놓았다. 붉은색과 푸른색이 교대로 나타나니 새로운 풍경이 감정을 더한다.

마침 방비대 주최의 올림픽 대회가 있어서 부근 일대가 사람 속에 묻혔는데 거의 전부가 일본인 남녀이다. 조

---

* '무정(無情)한 꽃은 없다'라는 뜻.
** '클럽(Club)'의 일본식 음역어이다.

선에 일본처럼 변한 도시가 많지만 진해만큼 일본화한 도시가 없다. 또한 진해는 벚꽃 제일의 땅이라 할 수 있다. 무사 꽃은 '사쿠라[桜]'라고 일본인이 자랑하는 바이거니와 조선의 벚꽃은 일본의 '사쿠라'와는 다르다. 일본 '사쿠라'는 담홍(淡紅)한 색채가 자못 사람의 정열을 끄는 바 있거늘 조선 '벚꽃'은 천홍(淺紅)한 색채가 매우 냉랭한 모양에 가깝다. 깨끗하기로는 살구꽃만 못하고 온화하기로는 복사꽃만 못하여 요컨대 품위와 정열이 아울러 부족한 감이 있다.

조선에 이주한 일본인들 또한 품위와 정열이 저열하여 자연의 인간성이 마멸된 특수화한 부류들이다. 벚꽃의 변태는 곧 이를 상징함과 같다. 일본엔 '사쿠라', 조선엔 '벚'이니 조선에서 '사쿠라'라고 부르는 것은 일본화한 부산물이다.

조선에서도 예로부터 벚나무를 귀중하게 알았으니 벚나무가 활 재료에 쓰이고 그 껍질은 활껍질과 총껍질을 입히는 데 쓰였기 때문이다. 우이동(牛耳洞)과 가오리(加五里)는 경성의 벚꽃명소가 되었거니와 그것은 모두 활 재료로 벚나무를 사용하기 위해 옛날의 병기 제조기관과 관련되어 있다. 이것을 '사쿠라'라 하고 바라보고 예찬하는 것은 조선인의 천박성을 표함이라 할 것이다. 휴게소에 앉아

---

* 진한 붉은색.
** 연한 붉은색.
*** 현재 서울특별시 강북구 수유동 일대의 자연 마을.

차를 마실 때 봄바람이 닿는 곳에 벚꽃이 떨어지며 나의 뺨을 후린다. 나는 허탈해서 기쁘지 않았다. 망연자실했다. 아아, 봄바람에 벚꽃이 흩날리며 봄빛이 쓸쓸하구나.

    동양의 대표적 서양식 항구요, '사쿠라'의 명소인 진해는 해산의 풍경으로 말하더라도 조선의 명승지이다. 북·동·서 세 방향으로는 큰 산에 소나무와 회화나무가 울창하고, 남으로 거제도(巨濟島)와 가조도(加助島) 등의 모든 섬은 마치 바다와 관련된 전설의 산이 여기라는 듯이 모두 푸른 파도 밖에 둘러 있다. 자연적인 배치가 깊으며 풍광이 웅장하고 화려하다. 중간에 건축물들을 만들고 나무를 심을 때 인위적 기교를 더했으며 시가지의 모습 또한 규모가 있음에도 깨끗해서 금수강산이라는 말은 곧 이곳을 위하여 지어낸 말이 아닌가 생각하게 한다.

    벚꽃과 푸른 소나무가 어울려 비추는 곳에 다시 은행나무 가로수가 있고 향나무숲이 있고 단풍나무가 있다. 멀리 해군장교 관사촌 일대에는 붉게 붉게 복숭아꽃까지 활짝 피어 있어 영롱함이 이어진 경치는 사람으로 하여금 아득한 마음을 느끼게 한다.

    항내에는 각종 준설선(浚渫船)[*]이 있어 아직도 해상을 정리하기에 급급해 보인다. 두 척의 구축함은 물결 가운데 웅장한 모습으로 머물러 있다. 일본인 남녀 모두 "천지가 내 것이로다"라며 시끄럽게 뛰는 모습을 보는 것은 고약

---

[*] 물속에서 모래나 자갈을 파내는 배.

한 일이다.

내륙의 교통을 보자면 기찻길이 오직 마산으로만 통해 있고, 연안 항로로는 부산, 여수(麗水) 등에만 닿을 수 있으니 이것은 하나의 단점이다. 최근 다시 진해에서부터 창원(昌原)까지 연결하는 진창철도가 설치될 것이니 이것이 완성되는 날에는 교통이 한층 편리해질 것이다.

걸어서 시내에 나아가니 수백 년 동안 풍상을 겪어왔을 커다란 나무를 중심으로 한 개 공원이 있고 이 공원을 중심으로 다시 거미줄처럼 뻗어나간 모양으로 시가를 구성하여 8개의 통로가 나 있다. 경찰서, 우편국 등이 각각 한 구역을 차지하였으니 동양에서는 오직 다롄[大連]항이 이러한 규모로 되어 있고 다른 곳에서는 볼 수 없다고 한다.

늙은 느티나무 밑에 돌비석에서 본 내용이다. 러일전쟁 전후 진해만을 눈여겨 본 일본 해군이 여기에 군항을 설치하기로 하고 이토 히로부미[伊藤博文]와 당시 한국 참정대신 박제순(朴齊純) 간의 약정에 의해 웅천군(熊川郡)과 창원군(昌原郡) 두 지역 땅의 일부를 획정해서 메이지[明治] 39년(1906년)에 진해 군항을 창설했다는 내용이 있는데, 이는 일본 해군 장교 도고 헤이하치로[東鄕平八郎]가 쓴 것이라고 적혀 있다.

군항의 서문 일대로부터 동부 시가 전 지역에 빈집이 많은 것이 특색이다. 러일전쟁 직후 현 사이토 마코토[齋藤實] 조선총독이 해군에 있을 때 나고야[名古屋]의 아무개 일본인 부호가 이 항이 경남도청이 이전될 후보지라 하여 시가지의 대발전을 예상하고 건축회사를 발기하여 많은 가옥을 건축했었는데 예측한 바가 틀려 막대한 손해를 보았다고 한다.

동부 일대 한산한 시가에는 일본의 명물인 유곽(遊廓)이 있다. 남성들의 성(性)에 사로잡힌 유녀들이 때로 길거리에서 방황하는 모습을 보게 된다. 듣건대 함대가 입항하는 때는 해병으로 이곳에 오는 군인들이 엄청나게 많아서 밤낮없이 같이 자게 되는데, 한 명의 창기가 수십 명의 남자를 접하게 된다고 한다. 지옥의 극단이다. 해병이 지내는 숙사와 유곽, 무수한 빈집은 자본적 군국주의 국가 일본이 다른 나라를 어떻게 통치하는지를 가장 잘 설명해 주는 파노라마라고 할 것이다.

필리핀에는 미국인 주둔병이 필리핀 여자들의 정조를 유린해 필리핀 여자를 엄마로 둔 가련한 고아 2천5백 명이 있다고 한다. 이 아이들을 위해 매년 삼만 원의 교육비가 필요하다고 한다. 미국인 부자 하나가 이와 관련된 기부를 거절하고 육군의 비용에서 지출하는 것이 옳다고 주장했다. 미국은 국가적으로 자본 재벌이라 육군의 비용 지출로 마음대로 정조를 유린할 수 있으니 유곽 설치와 하루 수십 번의 성관계가 필요 없다. 미국처럼 자본력이 풍부하면 그나마 여성이 보호받을 수 있는 것이다. 일본은 빈궁하기 때문에 육군 비용으로 지출할 수 없으니 성욕의 절제를 권장할 수밖에 없는 것이다. 양국이 모두 자본적

제국주의에 힘을 쓰고 있는 터인데 대조해 보니 쓴웃음을 지을 수밖에 없다.

동북 방향으로 안민현(安民峴)을 바라보며 다시 큰길로 돌아서 사이토만[齋藤灣]에서 배를 타고 마산으로 돌아간다. 오후 4시 30분이었다. 안민현은 설치 중인 진창철도가 지나는 곳이다. 이제 수도(水道)를 뚫는 중이라 한다. 왕년 아리요시[有吉]가 조선의 정무총감으로 오며 안민현에 신작로를 놓게 하고 '아리요시고개[有吉峙]'라고 이름을 지었다 하니 아리요시고개와 사이토만은 좋은 대조이다. 이것은 인간의 이름 부르는 버릇을 가장 노골적으로 드러낸 것이요, 일본인의 봉건적 침략의식을 가장 적나라하게 표현한 것이다. 저들은 신공황후(神功皇后)[1]의 삼한정벌을 말하고 혹은 임나일본부를 거침없이 말하고 있는데, 그것은 허망한 정복욕이 고대에서부터 내려온 것이다.

사이토만과 아리요시고개 같은 것은 그 유치함에 웃을 만한 천박한 표현이라 할 것이다. 명산과 뛰어난 경치, 높은 누각과 큰 집에 이름을 기록하고 가는 것은 이름 부르는 버릇의 가장 유치한 행동이다. 사이토만[齋藤灣], 아리요시고개[有吉峙] 등 지명으로 저들 국가적 영예를 후세까지 기념하기를 바라는 그 유치함에 웃지 않을 수 없다. 다만 남은 것은 조선인의 민족적 모욕감뿐이다.

---

*   진해공립심상고등학교가 있던 현 도천초 지역과 진해헌병분대의 나무가 울창했던 구릉지역.

"이거 안 할락 하나?"

한 젊은 남자가 선상에서 미인에게 가곡(歌曲)을 권하는 말이다. "아파 몬해요오." 미인의 대답이다.

"와 곰꾹 안 가왔노?" 여관 아낙네의 말이다. "헛붓 가저옹이라!" 이렇게 재촉을 한다.

"저기 검금수있지이다?" 마산의 지리를 설명하는 동무의 말이다.

"내사 속이 아파서 몸묵웃다!"

이러한 악센트가 높은 말소리를 들을 적마다 향토색이 가장 짙게 그러나 순후질박(淳厚質朴)한 풍속이 꾸밈없고 순수한 감상을 일으키게 한다. 마산과 통영(統營) 일대는 풍경도 뛰어나지만 민간 풍속이 온순하며 인정이 두터운 것이 가장 인상이 깊다.

진해에서 돌아오자 동래서부터 함께 한 강 군은 진주에서 재회하기를 약속하고 정거장에서 작별하였다. 숙소에 돌아오니 객실에는 미인을 동반한 젊은 남자들이 가득이고 옆방에 새로 들어온 사람은 "가족회의에서 동의를 얻어야지" 하고 쓸데없는 말을 지껄인다. 그것은 아마 미성년자의 재산처분, 그 중에도 토지의 저당 설정 혹은 매도 등 수속을 뜻하는 말일 것이다. 젊은 남자들의 유흥과 토지저당 문제 등은 또한 지금 사회상의 한 면이다.

밤에는 경남 기자대회 간담회가 마산공원에서 있었으나 갑자기 비가 내려 매우 아쉽게 마쳤고, 18일에는 마산의 한 유지(有志)가 개최한 대회원 일동의 환영 연회가 추산공원(騶山公園)에서 열렸다. 나는 강 군과 진주로 출발하고자 하다가 많은 사람들의 만류로 하루를 더 머물러 참석하였다.

추산은 조선인 중심시가인 구마산 배후에 있는 무학산(舞鶴山) 기슭의 대지도 공원의 후보지에 지은 명소이다. 대지에 올라서니 마산항의 전체 형세와 풍경이 비로소 한눈에 들어온다.

마산과 노비산(鷺飛山)을 앞에 놓고 동부 일대의 평원에는 보리밭이 펼쳐져 있는데 논 한 조각을 볼 수 없다. 보리를 추수한 후에는 곧바로 물을 이용하여 벼농사에 착수한다는데 남조선에는 거의 없다. 이모작으로 경작하는 북부 조선과는 다른 모습이다. 중부 조선 일대에도 이모작이 유망한 땅이 많을 것이다.

몇몇 동료들과 함께 요즘에 말썽 많은 산왕대신묘(山王大神廟)를 찾았다. 산 중턱 수풀 속에 작은 사당이 있는데 두 남자가 지성으로 엎드려 축원하고 있다. 큰 신이든 좀신(神)이든 저렇게 받드는 그 우매함은 그렇다 쳐도 저렇게 꾸준한 정성도 보기에 매우 우습다.

서쪽에 자산동(玆山洞)이 있으니 고운 최치원(孤雲 崔致遠)의 탄생지라 한다. 서쪽으로 월영대(月影臺)가 있고 그곳에 문창대(文昌臺)라는 암석이 있으며 고운이 심었다는 감나무가 있어 말라죽은 지 오래라 하나 바빠서 가보지 못하였다.

구마산의 중앙에는 높은 건축물이 있어 구조가 특수하니 그것은 형무소와 유곽이다. 시가의 중앙에 형무소와 유곽이 있는 것은 마산의 특이한 점이라 한다. 자산동 일대로 유곽을 옮기려 하였으나 일본인 심상소학교 건축지로 빼앗기고 구마산 부두의 동측 수면을 매립해 그곳으로 이전할 계획이라 한다. 이익에 약빠른 일본인 시미즈[淸水]는 그것을 예상하고 이미 매립공사에 착수키로 하였다 한다. 시미즈는 진주에 사는 자로 지난 몇 년 동안 저울을 그릇되게 사용해 문제가 되었던 사람이다. 최근 동경(東京) 정계에는 소위 '송도유곽사건'으로 자못 크고 작은 난리를 일으키는 중이거니와 마산시를 위해서는 하루라도 이 유곽과 형무소 이전을 단행하여야 할 것이다.
　시간이 되어 개회하매 간단한 인사말이 있었고 주인과 손님 모두 즐거운 시간을 보냈다. 이곳에서 마산 미인을 많이 대면하였거니와 옅은 구릿빛과 같이 그을린 피부색은 북쪽과는 다른 독특한 교태(嬌態)가 있다. 다만 조선의 선구자들이 득의의 때가 더디고 그들의 미인이 시집갈 날이 아득하니 이 점으로서는 그 운명의 기구함에 너와 내가 없을 것이다.
　통영의 동료들 권유로 『시대일보』사의 홍남표 군과 함께 그곳을 방문하기로 하고 저녁 6시 30분에 다시 배 위의 사람이 되어 마산항을 출발했다. 창창한 낙조가 서산으로 넘어가고 으스름한 빛이 해산의 일대에 어울릴 때

부두에서 전송하는 동지들을 남겨두고 배가 슬그머니 나아가는 정회는 아득하고 말로 표현할 길이 없다.

    저도의 서쪽으로 빠져서 어느덧 만 밖에 뜨니 뒤를 돌아보매 동서 시가지의 번쩍번쩍 빛나는 등빛이 마치 해상의 선경(仙境)을 바라보는 듯하여 무한한 정서를 자아내게 한다. 마산은 수일 간 지인들을 만났던 만남의 땅이고 통영의 산수 또한 예전부터 동경하던 장소라, 이제 일행 6~7인과 함께 마산에서 통영으로 간다. 일행은 모두 다 능력 있는 청년 동지이다. 아아, 그러나 꺾을 수 없는 환희 중의 비애, 사람들의 만남과 재회.

통영

영호남기행 1
통영

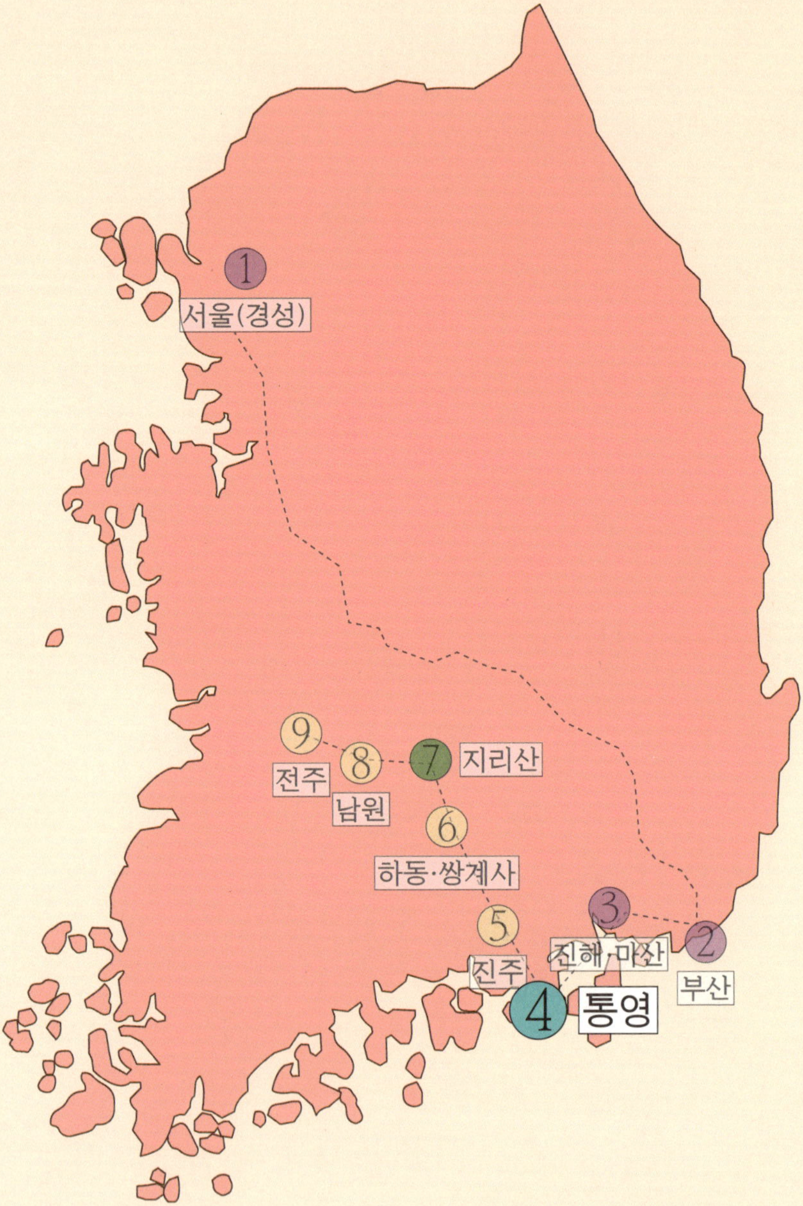

통영

　마산에서 배를 타고 두룡포(頭龍浦)로 돌아드니, 청산은 병풍이고 녹수는 거울과 같다. 마산에서 통영까지 가는 길에 보이는 산수의 경치와 아름다움이 참으로 비길 데가 없다. '삼도수군통제영(三道水軍統制營)'의 소재지였기 때문에 통영이라는 이름이 생겼다는 것은 누구나 다 아는 바이거니와 두룡포는 통영이 성립되기 전의 명칭이다.

　18일 저녁, 우리 배가 마산의 만 입구를 빠져나올 때 나는 선실에 들어가지 않고 뱃머리로 나와서 뭍과 바다가 이어진 풍광을 감상하기로 하였다. 보름달이 낮처럼 밝게 비추고 있는데 담담한 하늘에는 구름 한 점 없고 오직 드문 별들이 북극성을 가운데 두고 사방에서 반짝일 뿐이다.

　거센 바람이 남쪽으로 불면서 가벼이 일렁이는 물결이 뱃머리를 쳐서 백설같이 흩어진다. 오른쪽으로는 진동(鎭東) 일대의 여러 산이 구불구불하게 늘어서 있고, 왼편으로는 가덕도(加德島)와 거제도 등 모든 섬이 병풍을 만들어

놓은 것 같다. 마치 돌 절벽이 둘러싼 연못의 가운데 한 조각 나뭇잎 배를 타고 있는 듯 하다.

남포만(藍浦灣)에 떠서 서남쪽으로 작은 반도를 끼고 돌 때, 진해의 시가를 돌아보니 수많은 붉은 빛이 번쩍번쩍 광채를 발한다. 아주 넓은 바다에 떠 있는 듯 하나 사방에 뾰족한 봉우리들이 의연히 둘러 있어서 큰 호수에 있는 것처럼 느껴진다. 오늘의 바람 세기에도 파도가 심하지 않은 것은 이 까닭이다. 밤이 되자 추위가 심하므로 두 개의 타월로 머리와 목을 싸매고 바람 보호용 안경을 쓰고 선두에서 바다를 바라본다. 배는 서면으로 돌아서 가조도와 고성(固城)의 해협으로 빠져나간다. 깜빡이는 등대의 전기 불빛이 바다에서 밤을 보내는 나그네의 쓸쓸한 기색을 돕는다.

선실을 들어가 보니 함께 하는 벗들은 수일 간의 바쁜 일정에 잠이 부족하였던지 좌우로 쓰러져 뒤엉켜서 자고 있다. 나는 다시 나와 오른쪽 뱃머리에 걸터앉았다. 두보의 시 한 구절이 생각난다. "가을 세찬 바람에 지붕이 날아가 버렸는데 비까지 내려 온 집안이 다 젖었네. 어떻게 하면 방이 아주 많은 집을 지어 세상의 가난한 선비들을 기쁘게 할 수 있을까."[1] 오늘날 재능 있는 청년 동지들도 모두 각자의 소임을 얻게 하고 함께 천하의 민중을 위해 일할 수 있게 된다면, 우리 세상에도 봄빛 가득한 땅을 볼 수 있을 것이다.

예전에 일본의 세토나이카이[瀨戶內海]를 배로 건너던 일이 있었는데, 좌우에 푸른 산과 숲이 없는 것이 큰 아쉬움이었다. 다도해의 풍광을 예찬하는 사람이 많지만 이곳이야말로 천연한 배치로는 참 뛰어난 경치라고 할 것이다. 이 근처로부터 전남 해각(海角)을 돌아 충남의 서해안에 미치기까지 모두 크고 작은 섬으로 이루어져 있으니, 이곳을 울창한 삼림으로 꾸미게 된다면 그야말로 해상 신선이 사계절 와서 노는 인간의 별천지라고 볼 수 있을 것이다. 좁은 목을 지나 다시 물살이 거센 해면으로 나오니 사방으로 고성의 산빛이 달 아래 푸르르다. 시원한 풍정이 말로 다할 수 없다. 올해 일을 생각하니 적막한 오늘의 바다를 거저 지나치기가 섭섭하다.

　때는 저녁 10시 20분. 선실에서 잠깐 쉬고 통영으로 입항하는 순간을 보고자 하였는데 어느덧 잠이 들어 입항 후에 깬 것은 유감이다. 잠들었던 눈을 비비고 좌우를 살펴보았다. 병 입구처럼 넓고 완만하게 생긴 항내에 집들이 바다를 바라보며 둘러 있다. 화려한 등불이 불야성을 지은 것이 마치 바닷속의 별세계를 온 것 같다. 마중 나온 여관 사람들을 따라 남청여관에 투숙하기로 했다. 들으니 통영은 어시장(魚市場) 광경이 제일 볼 만한 것이라고 했다. 내일 아침에 보기로 하고 저녁 먹은 후에 취침하였다.

　19일 아침 6시에 일어나 일강(一岡) 홍 군과 함께 어시장을 보러 간다. 오른쪽으로 한참 돌아 공설어시장에 들어

가니 모양 좋은 물고기는 예전 말이요, 그야말로 내가 용궁의 손님이 된 것 같다. 숭어, 새우, 가오리, 목대, 가자미, 상어, 도미, 복, 오징어, 해삼, 낙지, 복어, 도미, 준치, 딱정가오리 이런 것은 알아보겠는데, 이 외에 이름 모를 어류가 퍽 많다. 계속 물어가며 수첩에다 적는다. 도미와 같되 빛이 검고 등허리에 가시가 억센 것이 있다. 옆에 있는 어촌의 소녀에게 물어보니 "이거는 감승이!" 하고 '감' 글자에 악센트를 넣어서 꾸밈없이 대답하고 두 볼에 미소를 띠는 것이 매우 순수하게 보인다. 쏨뱅이, 꽁치, 빼드라치, 물치, 놀래미, 남태, 참치, 뽈래기, 호륵이, 멸치, 수굼이 등 무엇무엇 할 것 없이 무지하게 많다.

"야? 짱엡니더."

남자의 대답이다.

"함 무세으찌 하요?"

고깃값을 묻는 말이다.

"즈, 믈, 적어쌓노?"

이렇게 의아해한다.

이런 말을 들으니 향토의 순박한 동포들을 기만하고 우롱하는 단발한, 양복쟁이들이 수십 년 만에 사회를 얼마나 망쳤는지를 생각하게 한다. 그래서인지 심상치 않게 들린다.

여관에 돌아와 잠시 쉰 후 아침밥을 먹고 다시 현지의 사정을 살펴보러 나갔다. 뜰 앞의 모란은 벌써 망울이

굵어서 오래지 않아 벌어지려 하고 개나리와 앵두는 꽃이 이미 떨어져서 잎이 한창 파랗다. 경성 근처는 5월의 모란이 유명한데, 음력 3월 초에 벌써 이만큼 꽃이 핀 것을 보니 남쪽 지방의 절기가 경성보다 이르다는 것을 알겠다. 큰 길거리로 나서니 암벽 위에서 야생으로 자라는 사철나무[冬靑樹]에 푸른빛이 흐르는 모습이 눈에 새롭다.

세병관(洗兵館)을 찾기로 하였다. 여항산의 중턱을 깎고 굵기가 두어 아름되는 느티나무 기둥으로 사십오 간의 길이가 긴 대건축이다. 짜임새가 웅장하고 위엄 있으며 규모가 아주 크다. 올라가는 길은 푸석한 응회암을 깎아 수십 개의 계단을 놓았고 섬돌과 장벽에도 똑같은 석재를 썼으니 지역에서 나는 생산물을 이용했다. 수백 년 풍상에 시달리어 느티나무 기둥도 표면은 절반도 넘게 풍화(風化)되었다. 이제는 통영의 공립보통학교가 되어 1천2백여 명의 학생을 수용하고 있다.

대뜰에는 비석 한 개가 있는데 '두룡포신사기(頭龍浦新事記)'라고 새겨져 있으니 이는 통제영 설치의 내력을 전하기 위해서이다. 천계 5년(1625년)이라는 기록이 있으니 인조 3년(1625년)의 일이다. 충무공(忠武公)이 한산도(閑山島) 제승당에서 머물렀고 이곳은 임진왜란 후에 통제사 이경준 세웠다. 비석 옆에는 옛날에 수자기(帥字旗)*를 세우던 돌기둥이 서 있다. 고색창연할 뿐이다.

* 한자 '장수 수(帥)'자가 쓰여 있는 깃발.

뜰 밑에 옛 건물 두 동이 있다. 하나는 군수의 관사이니 통영은 지정군[2)]이라 일본인이 재임하고 있기 때문에 이런 우대가 있는 것이다. 세병관의 좌우로는 당시 수병의 영사와 주택이 있었다는데 지금은 물론 없어졌다.

만의 중앙에 한 흙산이 남쪽 바다로 쑥 들어가 산 위에는 소나무와 삼나무가 어우러졌다. 엉성한 대숲에도 복사꽃이 흩어져 있고 한참 노란 배추꽃이 피었다. 그곳은 남망산(南望山)이다. 옛말로는 남장대(南將台)라고 한다. 이 남망산은 다른 말로 금산(金山)이라고도 한다. 일본인 구바라[久原]가 금광을 경영하여 막대한 수익을 얻었다. 그 동쪽으로 장자도(長者島)가 있으니 남망산과 그 근처에서 금빛이 나는 흙을 얻을 수 있기에 해저 70미터까지 파들어가며 금 채굴에 열심이라고 한다. 어젯밤에 배에서 내릴 적에 일본인 소년들이 "저거는 금산"이라고 자랑삼아 일러주는 것이 매우 다정하다고 생각했는데 자랑할 만한 이유를 알겠다.

여항산은 벽방산의 줄기로 통영의 진산(鎭山)이다. 동쪽으로 정량리(貞梁里)와 서쪽으로 착량굴(鑿梁窟)까지 거의 십 리나 되는 땅에 시내가 길게 이어져 있으니 총 4천2백3십여 호에 약 2만의 인구가 살고 있다. 경남에서는 부산과 마산의 다음이고 진주와는 비슷하다. 일본인이 8백 호에 약 3천 명에 달한다 하니 그 세력이 가볍지 않다는 것을 알 것이다.

바닷가 평탄한 땅은 모두 바다를 매립하고 아래는 돌

로 벽을 쌓았는데 대부분이 일본인의 차지이다. 그래도 이곳에 각종 사회단체가 있고 여성 운동을 하는 곳들도 꽤 있다고 한다. 서양풍으로 된 청년회관이 세병관의 서쪽 대지에 높게 솟아 있는 것은 이곳 사회적 활동의 자랑이라 할 것이다. 청년 동지들이 정중하게 맞이해 주는 마음에 더욱 감사하다.

자개 공업과 수산업은 통영의 두 가지 특색이다. 수산물 총액이 1년에 8백만 원에 달하고 그중 멸치의 생산액이 2백만 원에 달한다고 한다. 경남의 수산액이 조선 전체에서 제일이고, 통영의 수산액은 경남의 제일이다. 이 강산, 이 물산에 다시 인정이 두텁고 건실한 인물들이 있으니 통영의 장래를 축복하고 싶다. 만일 통영에서부터 고성, 삼가로 나와 거창부터 김천까지 이어지는 철도가 설치된다고 하면 이 땅의 발전은 예상하기 어렵지 않을 것이다. 다만 앞서 언급한 모든 군에는 곳곳에 여러 겹 포개진 산악이 동서로 가로지르고 있어 공사할 때는 매우 곤란할 것이다.

서남쪽을 바라보니 미륵산(彌勒山) 울창한 숲속에 큰 절 용화사(龍華寺)의 모습이 은근하게 보이니 그림 같다. 서산 일대 저수지 부근에는 흙 제방을 중심으로 여러 겹의 보리밭이 포개어 있다. 용화사 부근에서 물을 끌어와서 이곳에서 물을 나눈다고 한다.

동지들과 함께 한산도를 두루 돌아보고 돌아오는 길

에 충렬사를 참관하였다. 이날은 음력 3월 8일로 마침 충무공의 탄신일이라 이곳 사람들의 헌다례(獻茶禮)*가 있었다. 충렬사는 통제영 밖 한적한 땅에 있으니 황량한 사당에는 다만 푸른 대나무가 무성할 뿐이다. 아아, 동방의 거인 충무공의 사당이 어디인가? 통제영 밖 빽빽한 대숲에서 자꾸 슬픔을 느낀다. 이에 관해서는 따로 쓰기로 한다.

저녁에는 청년회관 강연회에 참석하니 강연자는 양명 씨와 일강 홍 형과 나, 세 명이다. 모임이 끝난 후 자리에서 이야기를 나눈 후 취침했다.

> 한산섬 달 밝은 밤 수루에 홀로 앉아
> 큰 칼을 옆에 차고 깊은 시름하는 차에
> 어디서 일성호가는 남의 애를 끊나니

충무공 이순신이 한산도에서 읊은 시다. 한산도는 통영의 동남쪽 10리 떨어진 바다에 있다. 현재 면(面)으로 편입되었으니 크지 않은 섬인 것을 알 것이다. 통영에 세 개의 고적이 있으니 하나는 통제영의 구 청사인 세병관이고, 하나는 충무공을 위하여 오랜 세월의 한을 보전케 하자는 충렬사이고, 하나는 한산도의 이 제승당이다. 세병관 내에는 옛날 운주당이 있었으니 그것은 수군 참모처를 말하는 것이고 한산도의 제승당은 그 당시 충무공이 실제로 머물

---

* 돌아가신 영령들의 영혼을 위로하고 감사의 뜻을 올리는 전통적인 다례의식.

면서 해구(海寇)를 소탕하는 사령부로 삼았던 곳이다. 그런 고로 충무공의 고적을 보려 하는 자, 한산도를 보지 아니할 수 없으니 통영이 통영이 된 이유는 한산도가 있기 때문이다.

19일 오전에 바쁘게 시내 구경을 마친 후 지인들은 우리를 위하여 한산도행을 준비한다. 처음에는 수상경비선을 빌리기로 의논하였으나 의견이 어긋나는 일이 있어 아니 되었고 한 척의 배로 떠나게 된다. 동행하기로 하였던 양명 씨는 사고가 있어 작별하니 유감이다. 양명 씨는 거제도 사람으로서 지금 베이징(北京)에 유학 중이다. 여러 가지 준비에 시간이 걸리는 바람에 오후 1시를 지나서 비로소 출발한다. 일행은 11인이니 『시대일보』, 『동아일보』, 『조선일보』 세 지국 사람들과 이곳 동지들이다. 그리고 이 일행의 왕복 일정과 관련해 청년단장 김 씨가 특별히 많은 호의를 베풀어 준 것은 매우 감사한 일이다.

뱃전이 마주 닿은 한복판에서 삿대질을 하여 빠져나가 노를 저어 강 중간에 가서야 비로소 줄을 당겨 돛을 단다. 배의 빠르기가 화살과 같다. 남망산의 기슭으로 돌아 장사도(長蛇島) 아래로 해서 다시 미륵도(彌勒島) 쪽으로 꺾어 간다. 바쁜 한 몸, 이제 경치가 아름다운 이곳에서 돛배를 빌어서 평소 동경하던 땅으로 향하니 흔쾌한 기분을 비길 데가 없다. 이날 남풍이 자못 억세어서 바다에 밀리는

---

* 바다로부터 침입하여 들어오는 도둑 떼.

물결이 마치 수많은 푸른 용이 굽이치는 것을 보는 듯 더욱 장쾌한 느낌이 든다. 배는 계속 서쪽으로 돌고 동쪽으로 꺾어서 끝없는 펼쳐진 푸른 물결 위로 누벼 나간다. 선체의 요동이 심한데 놀란 물결이 뱃전 왼쪽으로 뛰어들고 잠깐 사이에 또 뱃전 오른쪽으로 휘넘는다.

만 입구에 떠서 보니 여항산 푸른 색이 연기 속에 선명하다. 세병관의 웅장한 짜임새가 덩그렇게 올려다 보이고 동장대 부근에는 새파란 가을보리가 우거진 향기로운 풀과 같이 깔렸다. 공주도 같은 작은 섬을 점탈하기를 노리고 있다는 일본인의 탐욕사를 들으면서 방화도(放火島) 부근까지 나왔다. 서쪽은 일본인의 어업촌이 해곡을 끼고 스스로 별천지를 지었으니 오카야마현[岡山縣] 사람들의 이주지라 한다.

수산물의 대부분이 저들의 손에 돌아가고 있는 것을 짐작할 수 있다. 점점 만 밖으로 나와 바라보니 서남 해상에 크고 작은 모든 섬에 봉우리가 수려하여 부용꽃이 물결의 중심에 떠 있는 듯하다. 해갑도의 서쪽을 지나 위산도 만 입구에 들어가니 세찬 바람은 간데없고 물결조차 잔잔하다. 바라보니 한산의 모든 봉우리들이 높게 솟아 남·동·서 삼면으로 둘러서서 천연한 가로막을 이루었다. 해갑도의 좌우에는 각각 하나씩 높은 봉우리가 깎은 듯이 솟아 있어 천연의 군사 요충지를 만들었으니 이는 제승당의 소재지이다.

동쪽 물가 암석 옆에 배를 대고 넓고 트인 숲 사이로 걸어간다. 노송이 있고 대숲이 있고 굴참나무, 신나무, 느티나무, 윤일나무가 있어 모든 활엽수도 대개는 다 잎이 피었다. 그러한 중간에 눈같이 하얀 배꽃이 있고 밝은 복숭아꽃도 있어 은은한 빛깔이 이어지는 것이 과연 별천지 같다. 강 위에 좌우가 넓은 누각이 있어 곱고 화려한 색채가 스스로 장엄하게 보이니 제승당에 걸린 편액(扁額)은 크기가 십수 척이다.

일행은 모두 신발을 벗고 대청 위에 올라 관람했다. 제사 담당자가 있어 창호를 여니 충무공 초상은 웅장하고 근엄함이 문무(文武)의 재주를 겸한 그분의 풍모와 걸맞다. 다만 이것은 옛날 원본이 아니고 일본인 사진사가 복사한 것이다. 매우 유감이다. 대청 위에서 바라보니 해갑도를 만 입구의 중심에 놓고 좌우로 산악이 높고 고요한 것과 안팎 바닷길의 요긴하고 이로운 것이 더욱 절호의 군사 진지인 것을 믿게 한다.

때는 오후 3시 30분, 일행은 굶주림이 심해 모두 제승당의 곁방에 죽치고 앉아서 점심밥을 먹는다. 한 통의 밥이지마는 범을 잡을 청년들 11인은 이것으로 배를 채울 수 없다. 각각 한 사발씩 먹고 오직 홍 형과 김이 나그네여서 두 사발씩 먹는다.

식사를 마친 후에 곧 제승당 뒤로 돌아 유허비(遺墟碑)*

---

* 선인들의 자취가 남아 있는 곳에 그들을 기리기 위하여 세운 비.

를 본다. 제승당 뒤에는 한 그루 늙은 회화나무가 있다. 중간이 텅 비었고 가지가 오른쪽으로부터 부러졌는데 돌담으로 잘 보호하고 있다. "충무공이 심은 것인가?"라고 물었으나 제사 담당자가 대답하지 못한다. 유허비는 제승당 뒤 수십 걸음 떨어진 곳에 있다. '수군도독증영의정(水軍都督贈領議政)' 내용의 문자가 새겨져 있다. 순조 17년(1817년)에 건립한 것이다. 비석 외에 대나무숲이 듬성듬성 섰고 동쪽으로 5~7그루의 봄꽃이 스스로 피고 떨어진다. 경치는 유한하기 짝이 없는데 새가 지저귀는 소리가 아주 먼 옛날의 역사를 말하는 듯하다. 아아, 나는 다만 감개무량하다. 참 감개무량하다.

한산도가 통영의 앞바다에 있는데, 거제도, 가조도, 양면도, 미륵도 모든 섬이 좌우로 둘러막고 있고, 밖으로는 다시 소죽도와 좌사리 같이 길게 늘어서 있는 여러 개의 섬들이 둘러싸고 있어 천혜의 요새지를 이루었다. 서쪽으로는 사량(蛇梁)과 남해도의 노량(露梁)을 지나 전남좌수영 반도로 통하고, 동쪽으로는 마산의 외양(外洋)*을 지나 천성도(天城島), 가덕도, 다대포(多大浦)와 부산으로 통한다.

당시 재앙을 만나 돌아가는 적군을 격파하던 충무공으로서는 바닷길의 중요한 장소인 이 한산도에 절호의 기지를 세웠음이 당연하다. 충무공 기록에 의하면 선조 계사년(1593년) 6월 21일 호남에 있던 군사들을 한산도로 옮겨왔

---

* 육지에서 멀리 떨어진 넓은 바다.

다 하였고, 갑오년(1594년)·을미년(1595년)·병신년(1596년)을 지나 정유년(1597년) 정월에 원균의 참소(讒訴) 때문에 붙잡히기 전까지 4년 간 머물렀던 곳이다.

한산도 서남쪽에 문어도(問語島)가 있고 북동쪽으로 통영 앞바다에 방화도가 있다. 방화도의 북쪽면은 진해 앞바다를 통해 천성도와 가덕도에 이르는 물길이다. 큰 섬 거제도가 육지처럼 막고 있어 바닷길에 익숙한 자가 아니면 항로를 찾기 어렵게 되어 있다. 한산도 만 안쪽 제승당의 서쪽에 바다 밑 골짜기가 두 산의 어귀로 돌아가서 마치 한 해로를 통하는 것 같으니 거기는 개미목과 같은 항이다.

임진년(1592년) 7월 8일에 충무공이 고성 견내량(見乃梁)에 있는 적선 70여 척을 유인할 때 먼저 정예 병사들로 하여금 추격하게 하고 방화도에 섶을 쌓아 불을 놓으며 문어도에는 사람을 시켜 한산도 만 입구를 수로로 속였다. 적들은 방화도의 불빛을 바라보며 선로를 돌리어 개미목에 이르러서야 비로소 속은 줄을 알았으나 이미 중간에 들어섰기 때문에 마침내 한 척도 돌아간 자 없이 참패를 당하였다 한다. 이것은 충무공 출사 후 제2차의 대승첩이다. 이튿날 9일에는 또 적선 42척을 안골포(安骨浦)에서 깨뜨렸다 하니 그 백전백승의 기세는 굳이 길게 설명하지 않겠다.

한산만 내에는 지금도 왕왕히 백골을 해저에서 건진다고 한다. 들어보니 근심스러운 마음 한 편의 옛 전쟁터의 글을 읽는 것 같다.

아아, 임진왜란 당시에 충무공은 나라를 위한 충성의 마음으로 여러 장수와 병졸을 종횡으로 부렸다. 이 강산, 뒤숭숭한 세태에 6척에 미치지 못하는 이 한 몸으로 넓고 넓은 천지 간에 안심할 곳이 없는 오늘날을 생각하면 그야말로 소리 없는 눈물이 계속 흘러내리는 것을 멈출 수가 없다. 훗훗한 봄바람이 슬그머니 두 뺨을 건드리고 잔잔한 물속은 무심하게 청산을 잠그고 있으며 기울어진 햇빛은 고요히 동쪽 봉우리에 걸려 있다. 내 어찌 감개를 이기랴? 다른 사람 또한 이런 감개가 없겠는가?

다시 범선을 타고 출발하려 할 때 통영경찰서원 일행은 경비선을 타고 마침 도착하였다. 해갑도(解甲島)를 다시 지나 순풍에 돛을 다니 화살같이 닿는 속도를 우리 배는 따를 수 없다. 약 40분이 지나 통영에 돌아왔다. 해갑도 이름은 당시 전쟁에서 이긴 뒤에 갑옷과 투구를 풀고 더위를 피하던 곳이라는 데서 유래했다고 한다.

그 길로 곧 충렬사를 찾으니 여항산 서남쪽 한적한 곳에 있다. 문 앞에는 두 줄로 심어 놓은 봄꽃이 은은한 잎그늘을 보일 정도로 한참 피어버렸다. 충렬사의 좌우에는 푸른 대나무가 있으니 위대한 사람의 높은 절개를 사모하는 듯하다.

오늘은 3월 8일 충무공의 탄신일이다. 동쪽 행랑방에는 참배자가 과일과 포를 나누고 노인들의 주례가 있다.

둘러보니 예스러운 유교 의복을 입은 사람들이고 젊은 청년은 한 사람도 없다. 두보의 "여름과 겨울 제사 때가 되면 마을 노인들이 분주하네"[3]의 시구를 생각나게 한다. 1545년 음력 3월 8일에 태어났으니 올해가 382주년 탄생일이다. 충무공의 인물됨은 논평이 필요 없다. 왜구를 막는데 그와 같은 이가 없었고 바다와 뭍의 대비는 한 쪽에만 힘쓰고 한 쪽은 버릴 수 없기에 수군(水軍)의 힘을 기르는데 힘써 노력하였고 홀로 싸운 지 7년인 무술년(1598년) 11월 19일 노량에서 전사했다.

충무공은 『난중일기』에 "나라에 충성을 다하고자 하였으나 죄가 이미 미쳤고, 부모에게 효도를 다하고자 하였으나 부모마저 돌아가셨네"[4]라는 탄식을 남겼다. 기구한 운명을 겪으면서도 오히려 국가와 민생을 위하여 힘써서 충성을 다하였다. 오호, 천하 민생을 걱정하는 자, 어찌 이분의 영령을 공경하는 마음으로 추모하지 않겠는가. 이제 그 탄생일을 맞이하여 청년의 선구자로 이곳에 오는 자가 한 사람도 없으니 그를 생각하지 않기 때문일 것이다. 내년 봄 이날에는 반드시 청년들의 감격에 쌓인 기념이 있기를 바란다.

원장 김정우 씨는 백발의 노신사이다. 과거에 성균관 박사의 자리에 있었고 한문학에 조예가 깊다. 우리를 인도하여 사우(祠宇)*를 둘러보게 하고 충무공의 내력을 서술할

---

* 조상의 신주(神主)를 모셔 놓은 집.

때 오열하여 눈물지으려 한다. 마친 후에 기념하기 위하여 일행이 앞뜰에 모여 촬영했다.

착량굴을 보러 가려고 하다가 시간이 부족하므로 그만두었다. 착량굴은 일본인의 소위 대각굴이니 욕지도(欲知島)부터 미륵도의 만 입구까지 쫓겨 들어온 일본병이 이곳을 뚫고 부산 바다를 통해 달아나던 곳이라 한다.

진주

영호남기행 1
진 주

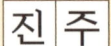

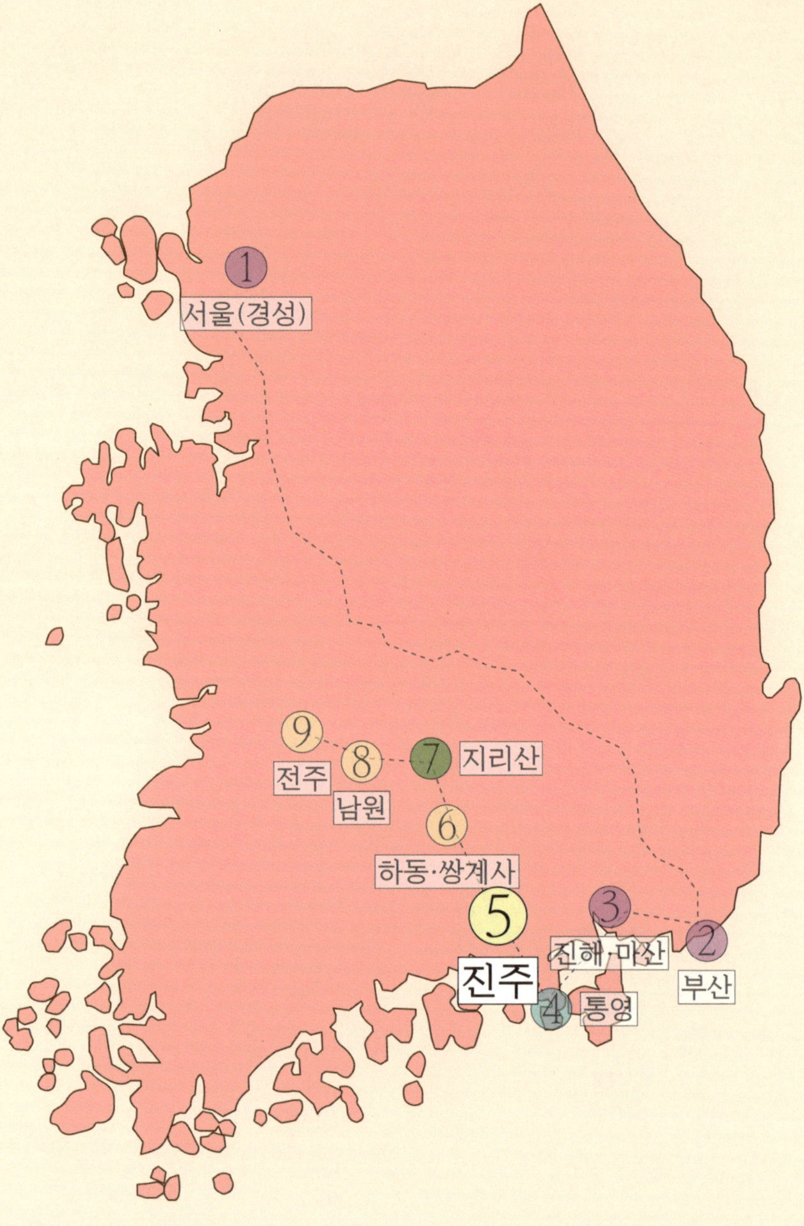

진주

"진양성(晉陽城) 바깥 강물이 동쪽으로 흐른다"[1]라는 말이 있으니 촉석루(矗石樓) 관련 시 중에 사람들의 입에 가장 많이 오르내리는 문구다. "흘러가는 것이 이와 같다. 밤낮을 그치지 않는구나."[2] 공자가 시냇가에서 한탄한 말이다. 내 감상에 묻혀서 한탄을 일삼고 싶지 않다. 현세를 관찰하고 미래를 논단함이 지방을 둘러보는 사람이 가져야 할 태도이다. 그러나 바쁜 일정이라 머물 새 없이 잠깐 강산 풍경을 둘러보고 떠나는 길이다. "우주십년(宇宙十年)"[3]이라 했는데, 동쪽으로 흐르는 물에 띄워 보낸 인간 세상의 옛일을 생각하니 탄식이 없을 수 없다.

"뭇별이 북극성을 향해 돌고, 동쪽으로 흐르는 물[東流水]이 돌아올 수 없다"가 앞 문장과 좋은 대구를 이룬다. 그런데 '동류수(東流水)'는 중국에서 나온 말이요, 조선에는 동쪽으로 흐르는 큰 강이 없다. 압록강과 청천강, 대동강, 임진강, 한강, 금강의 모든 물이 서쪽으로 흐른다. 낙동강과 섬진강, 영산강이 남쪽으로 흐르며 오직 두만강이 동북쪽으로 흐를 뿐이다. 수백 년 전 이를 논한 자가 없으니 이는 조선인의 기개(氣慨)가 사라진 이야기를 하는 바이다. 한가로운 이야기라 길게 설명하지 않는다.

20일 이른 아침, 바쁘게 일어나서 세수한 후에 통영의 특산인 나전칠기를 가지고 물건을 만드는 공작소를 보았다. 이는 수공업이다. 조선인은 모두 가내공업의 상황을 넘지 못하였다. 들건대 한 일본인이 주식회사를 조직하여 약 20인의 직공을 두고 꽤 대규모로 물건을 생산한다고 하는데 바빠서 가 보지 못했다.

그 길로 수산학교를 돌아보기로 하였다. 수산학교는 남망산 동쪽 해안에 있어서 매우 한적한데 방문한 시간이 일러서인지 교직원이 없고 숙직 교원도 마침 부재중이다. 교내를 잠깐 둘러보았다. 여기는 을(乙)종의 실업학교*로 '어로, 양식, 제조'의 3개 과가 있고 올해까지 3회 41명의 졸업자가 있는데, 졸업자 모두 어업조합 도·군·면 등 수산부에 종사한다고 한다. 이 땅에 이 학교는 매우 합당하다. 조선의 경제적 중심이 수산물에 있으니 이 방면에 뜻이 있는 인물과 그 중소 기술자가 많이 나와야 할 것이다.

출발 시간이 바빠서 아침밥을 먹지 않고 8시에 곧 자동차를 탔다. 전송하는 지인들과 작별하며 운전대에 앉아

---

* 이 당시 일반인들은 3~5년제 학교를 갑종학교, 1~2년제 학교를 을종학교라고 하여 갑(甲)과 을(乙)로 구분해서 부르기도 했다.

서 길 따라 이어지는 강산을 감상하기로 한다. 이날 분분한 봄비가 남풍에 후려쳐서 풍광이 자못 쓸쓸하다. "헤헤, 이 그 비좁아서…" 하고 같이 탄 사람이 좁은 것을 탄식한다.

정량리 해안을 확 돌아서 북서쪽으로 달아난다. 여항산의 뒷등을 보고 그 너머에 있는 동지들과의 우정을 그리워하며 얼굴에 차가운 바람을 받으면서 세차게 달아난다. 왼쪽으로 굽은 바다요, 오른쪽으로 산기슭이라 꼬불꼬불 구부러진 길을 굽이굽이 감돌아 달아날 때 굽은 바다가 갑자기 오른편에 보인다. 통영이 반도라서 여기서부터는 다시 반도의 동해안인 것을 알게 한다. 떠난 지 수십 리에 길은 점점 조용한 곳으로 빠져 줄곧 굽은 땅을 타고 달아난다.

고성읍에 도착하니 때는 오전 9시 30분이다. 무량산(無量山)과 불암산(佛巖山) 등 모든 산이 주위에 둘러섰고 중간에 일대 평야가 펼쳐진 모습이 마치 작은 대구같다. 지국을 방문할 겨를이 없으므로 명함에 인사말을 써서 사람 편에 부치고 곧 다시 출발한다. "고성은 깊은 바다"라고 평한 옛사람의 말을 수긍케 할 지역이다. 이 일대에는 산악이 모두 말쑥하여 나무가 적은데 6~7리 지나니 검은 껍질 소나무(黑松林)가 붉은 줄기 소나무(赤松)와 어울려 푸르렀다. 물으니 고성공립보통학교의 실습림(實習林)이라 한다.

이곳으로부터 산세가 더욱 웅장한데 굽은 땅을 타고 긴 계곡을 따라 서북쪽으로 달아난다. 깎아 잘린 낭떠러지에는 편마암과 수성점판암으로 이루어진 석층이 수십 리에 걸쳐 계속 이어졌다. 지리산 산맥의 한 줄기가 취령(鷲嶺)과 황치(黃峙)에서부터 진주의 망진산(望晉山)을 거쳐 사천(泗川)을 지나 고성에 오고 다시 함안(咸安)과 창원으로 김해(金海)에 달아나서 소위 낙남정맥을 이루었으니 지금 이 산맥의 굽은 땅을 꿰매는 모양으로 지나간다.

이 일대 촌락이 쇠약하고 사는 사람이 매우 적다. 사각형으로 두 칸 혹 세 칸의 전퇴(前退)를 달아 지은 초가가 보기에 극히 빈곤하다. 수십 리를 가도 한 점의 꽃도 없고 서경관 주재소(駐在所)가 있는 오산동 부근에서 살구꽃과 벚꽃이 마주 서서 적이 고담한 심경을 위안한다.

함께 탄 조사관이 여자 사진 하나를 보여준다. 일본 시모노세키[下關]의 '조선루'라는 요정(料亭)에서 도망친, 조선인 술집여자를 수색하는 중이다. 승객들은 모두 입을 벌려 웃는다. 그 좋아하는 것이 얕지 않음을 알 것이다. 인간의 천박함을 말함이다.

60여 리를 가니 산세 꽤 평순한데 시냇가에는 포플러 식목이 있고 길가에는 조가 푸르고 중국이 원산지인 자운영이 보리밭에 섞여 있다. 외래문화와 인연이 있는 땅인 것을 짐작했다. 수삼 리를 행하니 한눈에 보이는 평야에 인가와 상가가 즐비한 곳은 사천읍(泗川邑)이다. 규모가 자못 크다. 옛날 임진왜란 때 경성에서 패퇴한 적군이 남해안으로 내려와 지킬 때 시마즈 요시히로[島津義弘]가 사천에 주둔

하니 이게 그 땅이다. 지국을 향하여 명함을 우송하고 곧 다시 출발한다.

　중간에 자동차가 고장나서 지체했다가 곧 달아나기 십수 리 지나자 흙산이 나타났다. 산의 흙이 무너지지 않게끔 공사를 진행 중이고 아카시아나무를 가득 심었다. 이 고개를 슬쩍 넘자 길이 높은 둑의 위에 얹혔고 앞에는 물이 깊고 푸르며 긴 강이 동으로 흐른다. 북으로 큰 들이 터졌고 서쪽으로는 진주 시가에 보이는 누각이 아름답고 곱다. 그대로 남강의 다리를 건너서 내리며 지국을 찾았다. 점심을 먹은 후에 진주를 유람하고자 촉석루에 올랐다.

　통영에서 고성읍까지 50리, 사천읍 70리, 사천에서 진주성까지 30리, 합 150리이다. 사천읍을 지나 비는 개었다. 12시에 진주에 도착하여 점심 후 전에 약속한 강주한 씨와 본보 지국장 김재홍 씨와 함께 진주의 정황을 살펴보기로 한다. 이곳에서 하룻밤 쉬고 충분히 회복하자 하였더니 양남 기자대회가 오늘부터 쌍계사(雙磎寺)에서 개최된다기에 당일에 직행하기로 하고 바삐 진주의 전체적인 상황만 본다.

　구 북문 턱으로부터 중앙 시가를 통하여 남문 턱을 나와 중요한 건축물들을 손으로 가리키면서 촉석루가 있는 강 위의 대지에 올랐다. 서남쪽으로 망진산이 있고 북과 동으로 비봉산(飛鳳山), 선학산(仙鶴山) 등이 있다. 삼태기처럼 우묵한 곳에 삼면으로 산악이 둘러섰고 동쪽으로 남강 유역을 따라 평탄하게 넓은 들이 있으니 옛날 도시의 위치로는 적당하다 할 것이다. 다만 산악에 나무가 없이 말쑥하여 헐벗은 몸과 같다. 연료의 부족으로 산림이 더욱 벌채된다고 한다.

남강 북쪽 기슭에 일부 평야에 성벽을 쌓았으니 읍성식에 산성식을 가미한 건축이었다. 이제 성벽은 거의 없어졌거니와 동서로 좀 길되 남북이 좁아서 곽재우의 소위 "지금 적병의 성대한 세력을 보건대, 그 누구도 당하지 못할 기세를 떨치고 있는데 3리밖에 안 되는 외로운 성으로 어떻게 방어하겠습니까"라고 했던 말을 수긍하게 한다. 남강 일대는 방어선을 따라 판 구덩이들로 둘렀고 그 이외의 삼면은 평야이다. 성 밖에서 산악을 공격하니 적군에 포위되면 성 안의 형세가 가려질 수 없으니 방어에 곤란함을 알 것이다.

진주에 공·사립학교와 각종 사회단체가 있는 것은 다들 잘 아는 바이거니와 그동안 남자학교로 추진되던 일신고등보통학교가 일본의 방해로 결국 작년에 일신여자고등보통학교*가 되었다. 최근 도당국(道當局)은 학교에 일본인 교무주임 두기를 은근히 권유하여 문제가 된다 한다. 중등교원에 일본인을 채용하라는 지시가 사회의 물의를 일으키는바, 이러한 짓은 개선하는 것이 매우 좋을 줄 생각한다.

---

* 현재 '진주여자고등학교'의 전신.

높은 대의 오른편 신사의 옆에는 예전에 '상품진열관' 이었던 빈집이 있고 서쪽에는 구 도청 청사가 있다. 부산으로 도청 이전 당시 진주 주민의 분노가 극도에 달했었다. 조선인 주민에게는 그다지 큰 영향도 없는 모양이고 부산으로 옮긴 상품진열관은 군과 부로부터 조선인 부호의 이주자가 많아서 내용이 도리어 충실하다고 한다. 남강에는 다리를 놓는 공사가 적지 않게 성취되었으니 그것도 도청 이전의 교환조건이다. 잠깐 보고 떠나는 길이라 자세히 둘러보지 못했다. 진주 사람들은 먼저 이 진열관의 빈집에 조선인의 생산품을 채우려는 노력을 기울이면 좋을 것이다.

진주가 옛날 경상우도의 중심지로서 요즘도 2부 11군의 중심도시를 짓고 있거니와 만일 다섯 개 주(州)에 철도를 놓겠다는 기획이 완성되어 전북 남원으로부터 철도가 이 땅에 도달하고 다시 거창(居昌)으로부터 김천에 연결되는 철도망 완성이 있을 것 같으면 그 발전이 매우 유망할 것이다.

경상도와 전라도 사이에는 지리산 큰 산맥이 하늘까지 솟아 있어 서로 통하기가 아주 어려운 일이라는 것을 상상할 수 있다. 남원 운봉(雲峰)으로부터 반야봉과 천왕봉의 모든 봉우리는 북으로 돌아가고, 산청(山淸)과 단성(丹城)에서 진주에 이르는 곳에 평야가 멀리 돌아가고 계곡이 서성이며 모두 남강으로 물이 흘러간다. 이는 보통 사람들이 관심을 가지지 않는 점이다. 진주가 경상우도의 중심일 뿐 아니라 다시 영남과 호남의 경계에서 전쟁 방어의 중요지역이기 때문에 여기를 얻고 잃음은 양남의 형세를 좌우했다. 그래서 임진왜란 당시 부산으로부터 육상으로 침범하던 적병이 항상 그 예리한 힘을 이곳에 집중했다.

높은 대에서 조금 내려가면 암벽 위에 높은 누각이 있으니 바로 촉석루다. 누 아래 암석의 경사가 급하여 약 10여 장에 달하고 암벽 앞에 부딪혀 돌아가는 남강의 물이 패어서 연못을 이루고 있는데 그 깊이를 예측하지 못하겠다. 왼편으로 암벽을 내려가니 물 위에 넓고 평평한 돌이 있으니 이것이 곧 의암(義岩)이다. 옛날 임진란에 의로운 기녀 논개가 이곳에서 적장을 안고 떨어져 죽음으로써 이 명칭이 생겼다는 것을 모두가 알고 있기에 다른 설명이 필요하지 않을 것이다. '의암'의 두 글자가 한자 서체 중 하나인 전서(篆書)로 쓰여 있다. 옆의 암벽에는 새겨져 있는 '일대장강 천추의열(一帶長江 千秋義烈)'* 여덟 자 글씨의 필력이 굳셈을 깨닫게 한다.

이러한 바위 위에 작은 누각이 있는데 단청이 아주 새로워 뜻이 높고 아담하여 특이하게 보이니 논개사(論介祠)다. '의기 논개의 문'이라고 하얀 분으로 쓴 것이 더욱 눈에 뜨인다. 촉석루의 서쪽에 사당이 있지만 문이 잠겨 있고 고요하고 쓸쓸해 인적이 없으니 그곳은 곧 의기사(義妓祠)로 진주의 기녀(妓女)들이 매년 제사를 지낸다고 한다. 기녀에게

---

* 한 줄기 긴 강이 띠를 두르고, 의열은 천 년의 세월을 흐르리라.

청을 하지 아니하면 관람할 수 없다 하거니와 바쁜 길에 그 인연이 없다.

이에 그 당시 역사를 생각하며 다시 촉석루에 올랐다. 돌아보니 역대의 현판은 거의 철거되고 기둥 위에 걸린 주련(柱聯)조차 거의 전부가 없어졌다. 오직 "촉석루중삼장사(矗石樓中三壯士)"*라는 한 구가 남아 있다. 그러나 이것의 남은 수명도 또한 멀지 아니할 것 같이 보인다. 진양성변 촉석루에 당시의 참극을 상징하는 시구 하나가 홀로 그 흔적을 보전하고 있는 것이 쓸쓸한 감정을 더 크게 느끼게 한다.

총 호수가 4,540여 호요, 인구가 23,120명이니 영남의 웅주인 진주도 양으로는 작은 도시이다. 그러나 진주는 많은 이들의 입에 회자(膾炙)되고 많은 이의 마음에 깊은 인상이 새겨져 잊지 못하는 것은 국민적 비통한 기억은 사라질 수 없기 때문이다.

"긴 강이 한줄기로 흐르고, 나라를 위해 천추에 남을 의열을 세우다"라는 논개의 장렬하고 슬픈 이야기가 강의 조각돌에 머물렀고, "천지에는 임금에게 보답한 세 장사"라는 시구는 또 늠름한 국사(國士)들의 기백을 오랜 세월 환히 비추게 하는 바가 있다.

미인의 눈물이 있고 국사의 한이 있고, 다시 6~7만 민초(民草)의 갚지 못한 피가 도도한 남강의 물과 함께 오히려

---

* 촉석루 안의 세 명의 장사.

오늘날까지 여러 사람의 마음을 돋게 하고 있다. 이는 진양(晉陽)에 있는 성 하나가 천하에 계속 이야기되는 까닭이다. 그리고 우리에게는 깊은 생각에 잠기게 함으로써 어떤 말을 해야 할지 모르게 한다. 옛날의 도읍이었던 곳을 유람하고는 노래를 부르던 김시습의 남긴 뜻을 배워서 나 또한 길게 소리 높여 읊으며 하염없는 울적한 회포를 부치고 싶다. 아아, 진양성 밖 강물은 동쪽으로 흐르고!

    임진년(1592년)과 계사년(1593년) 사이에 조선에 3대 대첩이 있었으니 충무공 노량의 전과 권율(權慄) 행주의 첩과 김시민(金時敏) 진주의 지킴이다. 갑오강화(1594년)를 논의할 때에 저들이 진주에서 있었던 일을 들어 장졸 3만여 명이 죽은 것을 말하였다 하니 과장한바 있을지나 그때 있었던 대강의 상황을 알 것이다. 호소카와 타다오키[長岡忠興]와 가토 기요마사[加藤光春]가 진주성에서 크게 패했다는 소식을 알리니 도요토미 히데요시[豊臣秀吉]가 나고야에서 크게 화냈다 하니 또 그 상황을 알 것이다.

    임진년(1592년) 10월 3일부터 10일까지 전후 7일 간의 주변 공격전이 있었는데 몹시 놀랄 만큼 큰 싸움이 벌어졌고, 마침내 저들이 무수한 시체를 남기고 바삐 흩어져 달아났으니 이것이 진주의 일대 기념이다. 그러나 병사 유숭인이 성 밖에서 전사하고 수성장 김시민은 승리와 함께 전사하였으니 승리가 또한 비통의 기록이다.

    1593년 6월 29일에 진주성이 함락하니 세 장수의 전사와 논개의 절개를 세움이 모두 이때의 일이고 진주성 피눈물의 역사가 여기에서 생겼다. 저들의 병사는 6만여 명이요, 고니시[小西], 가토[加藤] 이하 십수 명의 장수들이 모두 집합하였으니 김시민에게 완전 패함을 복수하고자 함이었다. 21일로부터 29일까지 전후 9일 간의 격전이 벌어졌다. 엄청나게 참혹한 피해를 입은 이 진주의 공방전은 처참함이 극에 달하였다 한다. 김시민의 전승은 동문 일대에서 시체가 산을 이루고 피가 바다같이 흐르는 상황으로 이어졌다. 1594년 함락에는 동문 일대로부터 북문과 서문이 모두 그야말로 맹렬한 전투 현장이었다. 29일 성 함락 당일에는 적병이 서북문으로부터 돌진하였다. 오직 남문만이 강물 가까이에 있어 천연의 요새가 되었다.

28일의 격전에서는 용장 황진(黃進)이 죽고 29일의 최후의 혈전에서는 장윤(張潤)이 또한 넘어지니 형세가 더욱 위험해졌다. 홀로 있는 성에 삼면이 평야에 임하고 성 밖 산악에 적병이 베와 갈대같이 늘어서 있는데 멀고 가까운 100리 하늘에 가득한 연기와 먼지는 모두 적병의 위세가 얼마나 대단한지를 말해주는 것이다. 진주성의 장졸 등은 비록 죽기를 각오한 필사(必死)의 결심은 있었으나 이길 수 있는 필승(必死)의 병력은 없었던 것이다.

함락당하는 최후까지 밖에서 있는 힘을 다하여 싸우다가 우병사 최경회(崔慶會)가 전사했다. 성이 함락당하자 "내 마땅히 이곳에서 죽으리라" 하고 남강에 몸을 던져 죽은 것은 창의사 김천일(金千鎰)의 순국이다. 남보다 뛰어나 날쌔게 말을 달려 항전(巷戰)하는 것을 보았으나 그 죽는 곳을 못 보았다는, 국난에 목숨을 바친 사천현감 김준민(金俊民) 전사가 가장 장렬하고 비할 바 없이 슬프다. 활과 화살이 더이상 없어서 대나무창으로 싸우다가 넘어졌다는 의병부장 이잠(李潛)의 최후가 매우 또 강개하다. 동문 성벽이 무너지니 활과 화살을 내던지고 다시 창과 칼을 잡아 병사와 함께 돌진하다가 성이 이미 함락하고 전우가 모조리 넘어지거늘 오히려 사방으로 전전하다가 형세가 궁해지자 좌우에 두 적을 끼고 강물에 뛰어들며 크게 소리쳐 말하기를 "김해부사 이종인(李宗仁)이 예서 죽노라"라고 한 것은 오랜 시간이 지난 후에 듣는 자로 하여금 줄줄 눈물짓게 하는 바이다. 진주 장졸들의 순국 자취를 돌아보는 동안 어찌 쏟아지는 뜨거운 눈물을 막을 수 있을까? 천하에 혈기 왕성한 사람이면 누구든 뜨거운 눈물을 흘리지 않겠는가? 아아, 진양성 밖 강물은 동쪽으로 흐르고!

    6만 명의 남녀가 모두 다 죽고 진주성은 빈터가 되었으니 그 모습이 비참하지 아니하랴? 촉석루로부터 남북 강 안에 붉은 시신이 서로 걸치고 푸른 강에서 무봉(舞鳳)에 이르기까지 5리 사이에 죽은 자들이 강에 막혀 내려갔으니 그 모습이 비참하지 아니하겠는가? 백성을 고통스럽게 하고 만 리를 피로 물들였다고 한탄함은 옛 전쟁을 조문한 자의 감회이거니와 동서고금에 이러한 참극도 또한 드물 것이다. 내 어찌 다만 감회일 뿐이겠는가? 이때 충신, 의로운 사람, 아름다운 여자, 어린이가 모두 비참하고 쓸쓸하고 비통하게 죽어갔다. 적막한 강산은 그때의 흔적을 남겼다. 세상이 한가로운 오늘날에 홀로 우뚝 고색창연한 누각 위에 섰으니 나라를 위해 죽은 미인의 눈물과 수많은 사람의 원혼을 어찌 또 위로하지 않겠는가? 아아, 진양성 밖 강물은 동쪽으로 흐르고!

진주에 볼 것이 많거니와 돌아오는 길에 들르기로 하고 떠난다. 창렬사(彰烈祠)를 참관하지 못한 것이 유감이다. 지난 기미년(1919년)에 이곳 남녀들의 만세운동이 매우 컸었고 오랜 기간 철창에서 고난을 함께한 사람이 많다. 각 신문지국에 종사하는 지인들은 양남대회에 출석하러 이미 출발했고, 남아 있는 사람은 적다. 오후 2시, 자동차로 하동군(河東郡) 화개(花開)를 향하여 출발한다. 인상 깊은 진양의 땅을 급히 보고 가니 무엇인지 매우 부족한 것 같다.

10월 10일과 6월 29일은 진양 사람들로서는 특별히 기념할 날이고 6월 29일은 더욱 국민적 침통(沈痛)이 깊어 잊을 수 없는 날일 것이다. 옛날 한니발이 칸나이 평원에서 4만5천 명의 로마 군대를 무찌르니 로마인은 이날을 '암흑일'이라 이름 지어 국민적 비통의 기념일로 삼았다 한다. 로마인은 마침내 카르타고인을 격파하고 한니발의 보복 계획을 이내 물거품으로 만들었다. 조선인이 지나간 때의 이러한 비통을 생각지 아니하고 있으니 부흥의 날이 매우 멀어진 이유이다.

『양주십일기(楊州十日記)』[4)]라는 옛 문헌이 있으니 청나라 군사들이 명나라를 정복하기 위해 먼 적지에 군사를 깊숙하게 진격시켜 양주(楊州) 번화한 곳에서 열흘간 학살을 자행했다. 선비, 여자, 노인, 유아 등 재난을 만난 자가 무수했으며 기타 유명한 정원과 고적지가 많이 없어졌다. 명나라 유생들이 비장한 필치로 이 참혹함을 글로 쓰니 후세의 사람들에게 오히려 꼬불꼬불 서려 있는 울분의 큰 뜻을 움직여 멸만흥한(滅滿興漢)*의 기세는 일찍이 꺾일 적이 없었다.

1870년 보불전쟁(普佛戰爭) 때 스당(Sedan) 전투에서 패하고 메츠(Metz)가 함락되어 드디어 파리에서 강화조약을 맺은 프랑스 국민은 상복 입은 상한 사자(獅子)의 철제상(像)을 만들어 멀리 알자스-로렌(Alsace-Lorraine)의 할양(割讓)**된 두 주를 가르쳤다.*** 그들의 비통한 기억은 오히려 후일 재기의 때를 준비하게 되었다. 조선에서 벌어졌던 모든 전쟁은 강산 곳곳에 승리와 비통의 자취를 남겨 국민적으로 잊을 수 없는 사건이 하나둘이 아니거늘 선인들이 이를 유의치 아니하였으니 조선인이 결국 오늘의 형세에 길들여지는 큰 원인이 되었다.

---

* 　억압자인 만주족의 나라(청나라)를 멸망시키고 한족의 중흥을 도모한다.
** 　영토의 일부를 다른 나라에 넘겨 준다.
*** 　프로이센- 프랑스 전쟁(1870~1871): 보불전쟁이라고 불린다. 비스마르크가 이끄는 독일의 승리로 끝났으며 50억 프랑의 전쟁 보상금을 받고 알자스-로렌 지방을 얻었다.

진주

　이순신의 바른 충절과 절개가 모든 이들의 기운을 족히 높이는데도 그를 모신 사당이 남해 한쪽, 한적하고 외진 산야에 묻혀 있어 아무 국민적 추앙의 대상이 되지 못하고 있다. 제승당의 재실에는 주자학, 성리학으로 병풍을 꾸몄으니 이것은 소위 문(文)과 무(武)를 함께 표현하는 얕은 술책이 아닌가?* 유학을 공부하는 선비들이야말로 수백 년 동안 쓸모없는 당쟁의 근원이었거늘 국가를 지키기 위해 충성을 다한 용사들의 사우는 오히려 냉대를 면치 못하고 있다.

　번거로운 허례허식으로 사람의 마음을 허약하게 만드는 자가 많다. 많은 책을 펴내고 있지만 국민적인 비참한 학살의 사실은 하나도 묘사하거나 서술된 바가 없으니 진주에서 있었던 피의 역사가 책으로 쓰이지 아니하고 이 지방 사람들마저 6월 29일을 잊어버리게 된 것은 곧 조선의 쇠퇴한 역사를 말하는 것이다.

　바뀌고 또 바뀌는 세상, 그칠 줄 없는 인간 세상. 오늘날에 와서는 그도 또한 지나간 옛일에 속하였는가? 옛날 계백(階伯)이 나당연합군을 막을 때 그 일이 반드시 패할 것을 미리 알고, 먼저 처자를 죽이고 마음을 다져 최후를 준비했다. 죽기를 각오한 5천 명의 병사를 데리고 십수 만의 병사들을 상대로 세 번 승리했으나 계백이 죽었기에 백

---

* '무장 충무공을 추모하는 사당에 성리학 관련 병풍을 두른 것은 옳지 않다'라는 뜻.

제 또한 망했다. 포은 정몽주(鄭夢周)가 왕 씨의 고려를 위하여 "임 향한 일편단심이야 가실 줄이 있으랴"를 결심하니 그의 고달팠던 일생이 후세에 빛난다. 이순신이 바닷가에서 저문 가을빛에 감탄하고 추위에 놀란 기러기떼를 읊조리고 근심으로 잠 못 이루며 활과 칼에 비치는 달빛을 슬퍼했으니 이는 물고기밥이 되는 천하의 백성을 걱정함이었다.

　진양성에서 죽은 장졸들의 그 비장함과 처참함을 떠올리며 천지에 다시 없을 충성을 다한 그들에게 감탄했으니 충성이 있는 곳에 곧 천하민생을 위한 헌신이 있는 것이다. 어질고 뜻있는 선비의 경건한 마음이 왕실을 위하고 국민을 위하고 불합리한 세력의 밑에서 억압받는 천하민생을 위하여 노력하고 항쟁하는 마음인 것이다. 충신과 의인, 현대 지성인 민중혁명의 선구자까지도 그들이 가진 근본정신은 모두 하나이다. 정성을 다하는 참된 마음이다. 만약 그들의 처지를 바꾸어 놓았다 하더라도 그들은 동일한 길을 선택했을 것이다.

　오늘날 모든 전쟁터를 지나며 다시 당시 상황을 떠올려 보니 이 피 흘린 선인들의 영혼을 추모할 수 없으니 미인의 눈물과 국가적인 선비의 한과 수많은 백성들이 흘린 피를 내 어찌 홀로 위안할 수 있겠는가? 이것을 만천하에 뜨거운 열정이 있는 사람들에게 향해 이 한 몸으로라도 하소연하고 싶다.

　급히 내닫는 자동차가 서장대(西將臺)의 밑으로 몰아 강

풍을 무릅쓰고 달아나는 동안 진양의 산천은 벌써 대덕치
의 저쪽에 잠기고 말았다.

하동 · 쌍계사

영호남기행 1

하 동 · 쌍 계 사

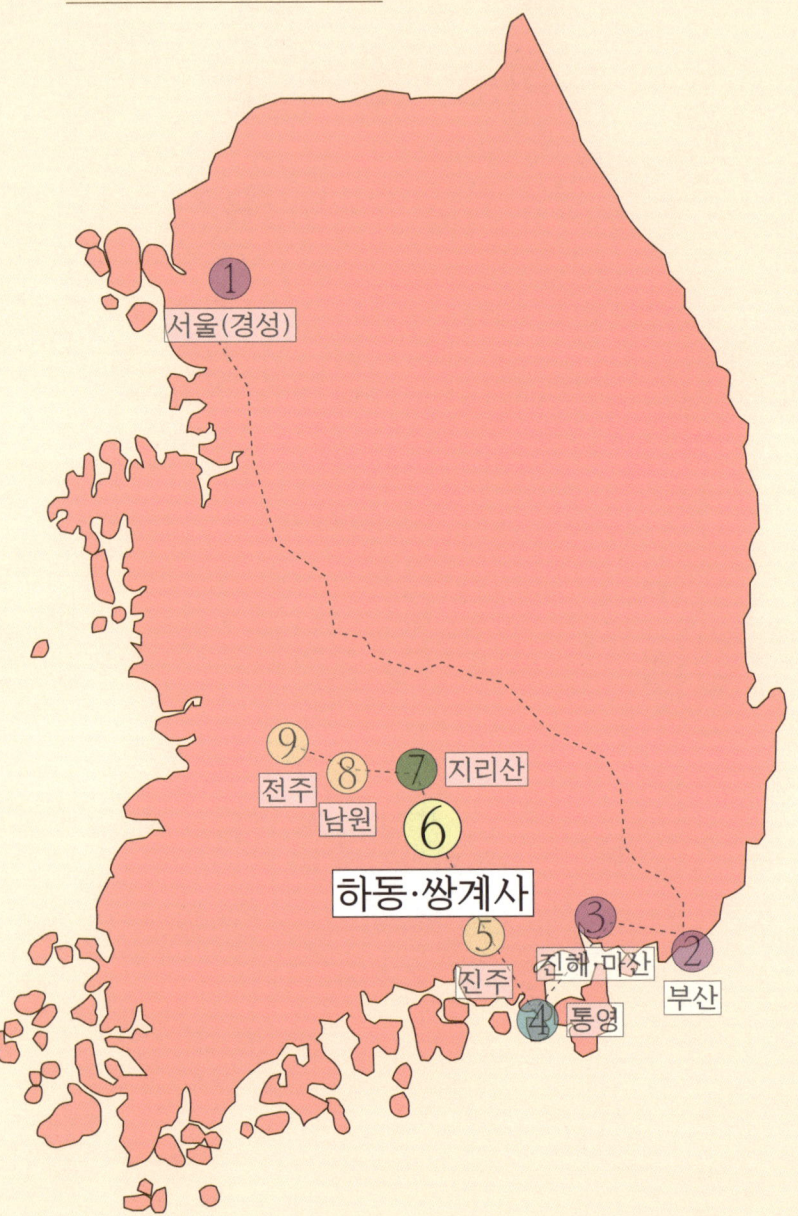

"아하하, 얄궂어라!" 놀라움을 느끼는 한 미인의 웃는 말이다.

"이 물은 안 짜지요?" 이렇게 물어본다. 해변에서 생장한 여성인 것을 알 수 있다.

오후 2시, 진주 시가를 떠난 자동차가 하동(河東)을 향하여 빠른 속도로 달아날 때 센바람이 얼굴을 후려쳐 안경이 아니면 눈뜨기가 어려웠다. 남강의 상류를 건널 때 다리 공사가 진행 중이어서 배에 자동차를 실었다. 승객이 앉은 채로 배는 강을 건너며 승객 중 유일한 여성인 부산의 한 미인은 "얄궂어라"를 연발한다.

마동현(馬洞縣)을 넘고 수십 리를 가니 대덕산(大德山)을 넘는다. 전부 합하면 십수 리가 될 구불구불한 비탈길을 감돌아서 산꼭대기를 지나 다시 반대편 비탈길을 내려간다. 지리산 동쪽으로 뻗은 산맥이 섬진강과 낙동강을 나누는 갈림길을 형성하는 대덕산맥은 평범하지 않은 산줄기이다. 계곡이 험하고 산봉우리가 수려한 곳을 만날 때마다 미인은 시원한 목소리로 탄성을 지른다. 끝없는 탄성이 이어지니 차 중에는 뜻하지 않은 봄바람이 일어난다. 세상의 미인들에게 감사할 일이다.

비탈을 다 내려와 큰 구슬이 깨지는 듯이 쏟아지는 계곡을 끼고 달아날 때 삼삼오오의 남녀 학동(學童)들이 간소한 옷으로 책보를 끼고 돌아오는 모습을 보니 호젓했던 마음으로 온화한 마음이 들게 한다. 그리고 긴 산의 부근 곳곳이 나무로 덮여 있는 것을 보는 것 또한 매우 즐겁다. 9~10리를 가서 하동읍에 들어가니 때는 오후 5시를 지났다. 기자대회의 일행은 오전 11시에 이곳을 떠났고 각 언론사 지국에는 학동들이 지키고 있다. 경리에게 명함을 주고 여러 가지 사정을 이야기한다. 다른 승객을 기다렸다가 화개로 가려는 참인데 한 명의 동행자가 없다.

강산과 시가를 잠깐 돌아본다. 양경산(陽慶山)을 등지고 섬진강에 임하여 동남쪽으로 다시 큰 들판이 펼쳐졌다. 산하가 자못 웅장하고 바람의 기운이 또한 화창하여 하늘 아래 경치로 유명한 곳인 것을 깨닫게 한다. 시가가 동서로 늘어져 있어 잘 정비된 모습이고 주민들도 매우 활기가 있어 보인다. 이곳은 최근 각종 민중운동이 활발하다고 하는데 그럴 만하다. 옛 객사의 앞에는 계영루(桂影樓)라는 이름의 정자가 번듯하고 배롱나무와 흰 매화가 섞여 피어 있는 것을 보니 남쪽 지방 봄색이 무르녹았다.

최근 '섬진강수리조합'이 인가되었다고 공고가 붙어서 이곳 관리들은 이것을 매우 자랑거리로 삼는다. 이 수리조합으로 인하여 조선인 농민들이 얼마나 이익을 받을지는 의문이지만 지방을 위하여 필요한 일이다. 대합실에 앉아 비로소 집에 편지를 쓰고 거기에 더해 아직 끝내지 못한 신문기사도 쓴다. 오래지 않아 정종명* 여사와 강아그녀 양이 자동차를 타고 진주에서 왔다. 만남을 반기면서 세 사람이 함께 화개로 간다. 섬진강을 옆에 끼고 그 왼쪽 기슭을 따라 줄곧 달아난다.

산간에 부는 강풍이 겨울바람처럼 차가운데 강줄기 위아래 흰 모래가 중천에 솟아 그야말로 먼지 세계를 연출한다. 50리쯤 가니 때로는 자잘한 돌이, 때로는 험준한 바위가 보인다. 늙은 나무가 전부인 곳에 점점의 진달래가 깊은 산골의 봄색을 혼자서 다 차지한다. 화개동에 내리니 가구는 20여 호에 불과하나 골짜기에 시장이 서 사람과 말이 끊이지 않고 또한 경관 파출소가 있어 주의를 게을리 아니한다.

옛날 정여창(鄭汝昌)이 지리산에 놀 때 "사월화개맥이추(四月花開麥已秋)"**라고 읊조리고 또 "고주우하대강류(孤舟又下大江流)"***라는 구절로 시를 마쳤다. 이곳에서 지리산 언저리를

---

* 정종명(鄭鐘鳴, 1896~?): 경북 경주 출신으로 간호사이며 여성독립운동가. 근우회 집행위원과 의장을 지냈다.
** '4월의 화개에는 보리가 이미 가을처럼 익어 간다'라는 뜻.
*** '외로운 배 밑에는 큰 강인 섬진강이 흐르도다'라는 뜻.

지나고 다시 섬진강을 따라 계속 흘러 강의 입구까지 내려간다.

하동과 악양(岳陽)의 풍경이 천하에 유명하다는 말을 오래전부터 들었으나 이를 볼 여유가 없다. 저녁밥을 먹은 후에 두 사람과 함께 도보로 쌍계사로 들어가니 때는 저녁 7시 30분. 산하가 이미 황혼 속에 묻혔다. 밝은 달빛을 따라 계곡 흐르는 곳으로 좁은 길을 찾아간다. 물가의 돌이 웅장화려하고 십수 길의 벼랑도 있고 늙은 나무도 늘어서 있다. 손바닥 같은 논밭이 있는 곳에 다시 몇 칸 초가집들이 돌담 속에 쌓여 있는데 황량한 창문의 불빛과 함께 아이들이 즐겁게 이야기하는 소리가 새어 나오는 것이 매우 그립다. 길가에는 때때로 늦게 하산하는 나무꾼이 있고 산에 놀러 갔다 오는 풍류랑도 있고 비틀걸음에 투덜거리는 술 취한 사람도 내려오니 최근 산중의 번화(繁華)를 상상할 만하다.

강 양은 프랑스 역사 이야기부터 옛날 러시아 정교사원의 정황을 말한다. 여기에 더해 섬진강의 경치, 질펀히 흐르며 감도는 만주 북쪽의 헤이룽장(黑龍江)의 웅려함을 말한다. 이러는 중 10여 리를 가서 흙다리로 하천의 왼쪽 기슭을 건너고 다시 몇 리를 가서 숲이 엉성한 중간 지점으로 한 줄기 오솔길을 찾아 들어갔다. 동네 어귀에 몇몇 집에 가려 사원을 볼 수가 없다. 이윽고 흙다리를 건너 돌문에 이르니 이것이 쌍계석문(雙磎石門)이다. 좌우에는 다시 한

길 남짓의 장승이 있다. 이날은 쌍계사에서 잔다.

　진주와 화개 사이가 140리, 화개에서 쌍계사까지 10리 걸린다. 20일 아침 통영을 떠난 후 약 3백 리를 와서 쌍계사에서 잤다. 쌍계석문을 지나 수십 걸음을 가니 좌우에 수십 개 천막을 치고 남녀 점원이 온갖 물품을 외치며 판다. 붉은 모자에 긴 칼을 차고 왔다 갔다 하는 경관의 수가 의외로 많은 것을 보고 놀랐다. 나무다리를 지나 제1문을 들어가니 '삼신산쌍계사(三神山雙磎寺)'*라고 쓴 현판이 있다. 다시 금강문(金剛門)을 지나 천왕문(天王門)으로 들어가 팔영루(八詠樓) 앞에 오니 양남 기자대회를 알리는 장막이 가득 둘러져 있다. 때는 오후 9시 30분이다. 회원들과 상대하여 한참 이야기한 후 피곤하므로 곧 취침한다.

　매년 봄절기 곡우(穀雨) 전후가 되면 고로쇠나무의 수액을 먹기 위하여 각지의 남녀가 지리산에 모여든다. 고로쇠나무는 곧 자작나무인데 나무를 도끼로 찍고 그 즙을 취하여 음료처럼 마신다. 이것이 능히 신경통과 피부병을 고친다 하니 고로쇠물 먹는 것이 일종의 유행을 이루어 각 계층의 남녀들이 산중으로 모이고 이로 인하여 밤에 놀러 나온 남자들과 여인들이 그 사이에 함께하게 되니 명산의 신령스러운 경치가 환락장으로 바뀌었다. 이 또한 인간의 뛰어난 일이라고 할까?

---

*　예부터 금강산, 지리산, 한라산을 삼신산(三神山)이라 불렀다. 쌍계사는 삼신산의 하나인 지리산 남쪽 기슭에 있다.

양남 기자대회장에서는 못 본 지인들이 이곳에 모이니 이 때문에 하동의 경찰서에서는 서장 이하의 대부분이 이 쌍계사로 모였다. 주지실 한편에 본부를 두고 삼엄한 경비태세를 갖추고 있다. 폭주한 촌객들로 침실이 매우 부족하여 사람들이 모두 둘러서 잠을 자고 나와 같이 온 두 사람은 외지에서 온 나그네라서 세 사람이 각각 한방에서 잤다.

21일 아침에 일어나 계곡에 나가 넓은 바위에 앉아 세수하고 작은 폭포에 목을 축이니 시원한 물맛이 비길 데가 없다. 아침 식사 후에는 먼저 대강의 경치를 본다. 쌍계사는 동쪽 봉우리를 중심으로 서향으로 앉았다. 팔영루와 대웅전은 모두 건축이 굉장히 훌륭하고 대웅전 대뜰 아래에는 '진감국사탑비(眞鑑國師塔碑)'가 있으니 고운 최치원이 임금의 명령을 받들어 집필했다. 머리 부분이 깨진 것을 다시 모은 것이다. 이외에도 천연석을 깎아 만든 미륵불상과 선가당(禪家幢)이 명물이라 하는데 나의 흥미를 끄는 바는 적었다.

절의 좌우에서 두 개의 계곡물이 흘러내려 제1문 밖에서 합류하여 석문의 저 아래로 솟구쳐가니 '쌍계(雙溪)'라는 명칭이 여기에서 생겼다. 왼쪽 기슭 비탈 위에 다시 우뚝 솟은 누각이 남향으로 늘어 놓여 있으니 가장 높은 곳에 금당이 있고 뜰에는 육조정상탑(六祖頂相塔)이 7층 석탑으로 서 있다. 불교 선종의 제6대조인 혜능대사의 머리뼈를 보관하고 있다고 한다.

　금당의 앞에 팔상전(八相殿), 청학루(靑鶴樓) 등의 크기가 굉장하다. '세계일화조종육엽(世界一花祖宗六葉)', 이 여덟 자는 추사 김정희의 친필로써 자획이 아직도 새롭다. 절 앞 광장에는 수백 년 묵은 은행나무와 늙은 괴목이 있어 모두 연두색이 해사하다. 팔상전 주위에는 울창한 사철나무가 병풍처럼 둘렀고, 한참 피는 때인 산다화의 숲이 있다. 보라색 백일홍, 흰색 매화, 붉은색 복숭아꽃이 영롱하게 채색을 이루었다. 수북한 가란(假蘭)의 포기가 무수하고 수십 그루의 모란은 몽우리가 머지않아 터질 듯한데 꽃을 피운 목련화가 좌우로 벌려 서서 스스로 신령스러운 모습이 비범하게 느껴진다.

　금당 뒤 응봉(鷹峰) 일대에는 소나무와 삼나무가 듬성듬성 서있다. 마주 보는 남산의 겹겹 쌓인 봉우리에는 각종 활엽수로 잡목숲을 이루었다. 반쯤 핀 새잎 덕에 숲의 모습이 청신하다. 중간에 다시 대숲이 촘촘하게 우거져 있고 밤낮없이 쏟아져 내리는 시원한 물소리가 들리니 스스로 속세를 해탈해 극락세계에 오르는 것 같다. 모든 산에 봄빛이 어리어 목련화 그늘 밑에 발을 뻗고 앉았으니 천 겹만 겹으로 겹겹이 쌓인 두류산* 모습을 있는 그대로 보는 것이다.

　신라 민애왕 1년(838년)에 진감국사(眞鑑國師)가 금당사(金堂寺)

---

* 지리산의 다른 이름.

를 창건하니 올해까지 1189년이 된 셈이다. 쌍계사는 임진왜란 이후에 벽암선사(碧巖禪師)가 세운 후 삼백수십 년이 넘은 큰 사찰이다.

금당의 왼쪽으로 참죽나무의 그늘이 이어지고 돌길을 밟아 동쪽으로 고개를 넘었다. 한 무리의 촌사람들이 간편한 차림으로 보따리에 각각 두세 개의 나뭇가지를 꽂고 수풀 속에서 내려온다. 물어보니 모두 광양(光陽) 사람이다.

길을 간 지 몇 리에 동쪽 봉우리에 의지해 한 사원이 들어앉아 있으니 국사암(國師庵)이다. 극락정토문으로 들어가니 정(鉦)과 바라(鉢鑼)를 울리면서 염불이 한참이다. 엄숙하며 고요한 분위기는 상대할 만한 것이 적다. 계곡이 또한 수려하여 명산에 있는 신비한 곳이라는 것이 추천할 만하다. 진감국사가 입산해 머물렀던 곳으로 금당사와 그 창건 시기가 같다고 한다. 서서히 뒤쪽 행랑으로 도니 방마다 모두 만원으로 창밖에는 여자 신발과 고무신이 빼곡하게 놓아져 있다.

이날은 마침 음력 3월 10일 곡우 날이라 고로쇠물을 먹으러 온 사람들이 제일 많다 한다. 기자대회가 있으므로 멀리 가지 않고 쌍계사로 돌아왔다. 사원 곳곳에 모란이 많고 목련화의 풍려한 겉모습이 가장 봄빛의 으뜸이다.

오전 10시를 지나 기자대회는 팔영루에서 옮겨 동쪽

---

* 놋쇠로 만든 타악기의 하나. 둥글넓적하고 배가 불룩하며, 불교 의식에서 많이 쓴다.

행랑 작은 방에서 열린다. 제2일째 계속 회의이다. 전남과 경남에서 참석한 사람이 60여 명이고 방청자가 수십 명이며 경찰관 자리에도 3~4인이 모여 있다. 의안 상정에 들어가서 제1부와 제2부의 각종 결의문이 차례대로 가결되었다. 기타 특별한 사항에 관하여는 지리산, 백운산 등 일본제국대학 연습림 편입에 관한 문제와 연초전매제도 실시 후 경작하는 사람들이 겪는 고통 등에 관한 지방 사정을 각 신문사에서 조사, 발표하기를 요구하자는 결의가 있었다.

지방에 숨어 있는 관리의 부정과 백성의 고통을 확실히 적발하여 일반 세상에 발표할 일, 기사는 도시만을 중심으로 하지 말고 농촌에 치중할 일, 신문·잡지의 출판자유를 구속하는 각종 법령의 개정을 촉구하는 일 등은 모두의 주목을 끌 만한 문제이다. 권력의 밑에서 유린당하는 조선의 민중은 관리들의 허다한 부정 속에서 고통으로 신음하고 있다. 그럼에도 여기에 항쟁하거나 혹은 그 생명과 자유를 스스로 보장할 길이 없고 오직 언론 기관이 이를 적발·규탄할 수 있을 뿐이다. 그러나 구시대의 유물인 신문조례가 언론을 압박하는 장애물이니 이는 반드시 빨리 개정해야 할 것이다. 그리고 기사가 도시 중심으로 치우치는 것도 매우 부당한 일이라 할 것이다.

지리산, 백운산의 삼백만 정보의 산하는 산림이 연습림으로 편입되어 도쿄[東京], 교토[京都], 규슈[九州]의 모든 대학

이 이를 관리·이용하되 향토의 주민들은 이를 이용할 자유가 없게 되었으니 이는 간단히 논평할 수 없는 바이다. 이 부근 십수 군민이 가장 심한 고통을 겪는다고 한다. 연초전매에 관한 지방민의 고통도 심상치 않다. 이러한 문제들에 관해서 언론기관은 앞으로 많은 노력을 기울여야 할 것이다. 『시대일보』의 홍 군은 오늘 통영에서 도착하여 회의에 참석했다.

정오가 지나 무사히 폐회하고 일동은 점심을 먹은 후에 잠시 자유의 행동을 취하기로 한다. 거실로 돌아와 나는 책상을 앞에 두고 원고를 썼다. 팔영루 위에는 사람들이 모여 서로 밀고 당기면서 영남의 육자곡(六字曲) 음악과 함께 일어난다. 어느 곳 미인들이 젊은이들과 함께 왔나 하고 부지런히 가서 보니 5~7명의 시골 늙은 여자들이 머리에 수건을 동이고 지팡이로 뇌고(雷鼓)*를 치며 "어떤 사람은 팔자 좋아서" 류의 속요를 부르고 있다. 실망이 적지 않았으나 매우 흥미로운 일이다. 무릇 여기 모여 있는 사람들이 남녀를 막론하고 각 계급 각 종류별로 골고루 있다. 곱게 단장한 미인도 있고, 신여성 비슷한 알 수 없는 여성도 있고, 기타는 이루 열거할 수가 없다.

금년은 기자대회가 있고 따라서 하동 경찰이 대거 모여 있으므로 풍류랑과 유흥객으로 오는 사람이 매우 감소

---

* 국악에서 쓰는 타악기의 하나. 검은 칠을 한 여섯 개의 북을 한 묶음으로 하여 틀에 매달아 친다.

한 편이라고 한다. 오후 5시부터 신문 강연이 있어 홍 군과 함께 간단한 강연을 하였다. 강연 제목은 '일념 봉공의 기자생활'이었고 방청인을 합하여 자못 성황이었다.

지인들과 함께 다시 경내를 거닐며 고로쇠물 흥정을 한다. 석유 관으로 한 통에 1원 30전을 주고 사서 각자 모두 시음한다. 옅은 녹색의 즙이 맛이 꽤 떫고 한 번에 몇 잔을 계속 마시니 설사하지 않고 도리어 상쾌함을 깨달으니 청량음료로써도 좋다. 이 지역 사람들에게 들건대 고로쇠나무 즙을 경칩(驚蟄) 절기에 먹으면 매우 효용이 있다 한다. 고로쇠물 먹는 것과 동일한 일이려니와 나무의 이름을 조사하지 못하였다. 손님들과 헤어진 후 다시 고로쇠물을 마시면서 원고를 쓴다.

저녁에는 속객들이 모이는 방에서 기자대회 회원의 간친회(懇親會)가 열렸다. 온갖 가곡이 다 나왔다. 모두 소위 남모르는 기예를 발표하고 노래가 끝나니 즐거워서 어쩔 줄을 몰라 한다. 뜨거워진 장내를 다시 냉정하게 보니 평소에 억압으로 막혀 있던 답답함 때문에 침울했던 가슴이 이 명산의 신령한 분위기 속에서 함께 모이자 비로소 힘찬 물결이 흐르는 것처럼 규칙에서 벗어나 자유를 느낀 게 아닌가 싶다. 만나기까지의 고생스러움이 그들의 심경에 얼마나 어두운 그림자를 던져주었는가 하고 생각하니 침울한 심사가 말로는 표현할 수 없다.

도진호(都鎭浩) 씨와 밤에 서로 이야기를 나누었다. 며칠 만에 비로소 목욕하고 다시 이불 속에서 편안하게 잠을 자게 되었다. 창을 열고 일어서 팔상전 앞에 다다르니 중천에 솟은 달은 목련화의 움츠러진 송이를 비추니 맑고 고운 기품이 자못 멋진 바가 있다. 그렇게 붐볐던 경내의 속객들도 태반이나 이미 춘몽에 잠겼다. 오직 시내 속의 물소리가 만고의 근심을 씻는 듯이 울려간다. 석양에 보니 햇빛이 동쪽 봉우리 위에 높다랗게 얹혀 있고 경내는 이미 황혼이 가깝더니 지금은 환히 밝은 쓸쓸한 달은 많은 생각을 하며 한가로이 거니는 나를 굽어보고 있다. 아아! 숭엄하고 청고한 계곡 중의 달빛!

목련화는 남국의 식물이다. 북국에서 이를 보기 어렵다. 연꽃이 '군자'로 비유되는 경우가 많지만 그보다도 불교의 상징화로 더 유명하다. 깊은 산, 높은 지대에 있기에 연꽃은 볼 수 없지만 활짝 핀 목련을 보니 황홀한 감정이 든다. 목련이 남국의 식물이거니와 연화(蓮花)도 원래 남국의 식물이다. 북국의 연못에서 오히려 향이 십 리에 들리는 연꽃을 볼 수 있지마는 남국의 연꽃이 가장 풍토에 걸맞은 자이다.

연꽃을 따는 오희(吳姬)와 월녀(越女)[1]를 이야기할 것 없이 따뜻한 나라에서 나는 연꽃인 난연(暖蓮)은 남국이 원산지다. 연꽃 중에서 가장 흔한 것이 홍련이다. 백련은 꽤 진귀한 것이며 청련에 이르러서는 연 중에서도 가장 일품인 것으로 보통 사람들이 얻어볼 수 없는 것이다. 인도의 강

유역에 있고 이집트의 나일강 상류에서 볼 수 있다 하나 그도 또한 흔치는 않은 것이다. 옛날 이태백이 청련거사(靑蓮居士)라고 자칭하니 스스로 평범함을 뛰어넘은 것을 자부함일 것이다.

연이 남국이 산지인 고로 인도에는 연이 많다. 석가여래가 고통과 괴로움으로 오염되지 않는 인생을 연에 비유한 이후로 연이 불교를 상징하는 꽃이 되었다.

불교에서 연을 존중하는 것과 같이 기독교에서는 백합을 진귀하다 한다. 솔로몬의 이름이 빛나는 것보다 들에 핀 백합꽃이 더욱 아름답다는 것은 예수가 산상수훈에서 예증한 바이다. 팔레스타인의 훗훗한 평야에 허다한 백합을 피워 그 순백한 색깔과 향취가 사람의 정열을 끈다. 이 땅에서 인생 최고의 가치를 설파하던 열정적인 예수가 백합을 예로 든 것은 당연한 일이다.

만일, 인도에서 백합이 나오고 팔레스타인에서 연이 나왔다면 두 사람의 예증은 완전히 바뀌었을 것이다. 목련을 보고 연꽃을 연상하고, 연을 이야기하여 백합까지 이어지는 것은 너무 한가로울 수 있으니 이에 그만둔다. "만호동면, 수대몽(萬戶同眠, 誰大夢)"* 이냐고 읊조린 자가 있다. 모든 중생이 꿈속에 잠겼을 때 홀로 깨어 달과 별이 밝게 비추는 고요한 밤에 거닐 때에는 스스로 초연한 감개가 있고 또 고독의 비애도 일으키게 되는 것이다. 온 세상이 다 흐

---

* 모두 잠들었는데, 누가 큰 꿈을 꾸는가?

린데 나 홀로 깨끗하고, 모든 사람이 다 취했는데 나 홀로 깨었다고 중국의 시인 굴원(屈原)이 「어부사(漁父辭)」 시를 빌어서 스스로 그 외로운 마음을 의지했다. 그가 "어복(魚腹)에 장사(葬事)"[2)]하고 만 것은 오로지 이 까닭이다.

 높은 산의 신령스러운 봉우리 위에 솟아올라 삼라만상을 눈앞으로 굽어보는 데에는 장엄·숭고한 뜻이 있겠지만 초연히 독존한 곳에는 무한·적막한 비애가 있는 것이다. 석가와 예수 모두 인생의 높은 경지에 입각하여 인생을 구하고자 일생을 노력했던 그들의 철저한 깨달음 속에도 이런 비애가 있었던 것이다. 다만, 석가모니의 보이지 않는 깊은 철학은 눈에 보이는 세계를 초월하였다. 석가모니의 철학은 불멸하는 진리의 세계에 머무니 그의 가르침이 천하의 안정을 구하려고 하는 번뇌한 중생들이 의지하는 곳이 될 수 있었던 것도 당연한 일일 것이다.

 그러나 인생의 높은 경지에서 아래로 구부려 중생을 구하고자 하는 곳에 현대적 민중과는 갈등이 생기는 것이다. "사람의 마음을 곧장 가리키면 문득 깨달아서 자기 본래의 성품을 바로 볼 수 있다"[3)]라는 구절이 혜능대사(慧能大師)로 하여금 순간적인 깨달음의 계기를 만들었고, "만물은 본래 실체가 없는데 어디에 먼지와 때가 끼겠는가"[4)]라는 구절은 또 그가 도를 완성할 수 있었던 중요한 깨달음이었다고 할 수 있다. 육조정상탑의 뒤로는 한 구가 걸려서 달 아래에 번듯이 보인다. 맑은 거울도 받침대가 없고, 보리수도 나무가 없어서 아무 것도 없이 오직 죽음의 세계로만 향하는 것이 그 우주와 인생의 운명이냐?

시드는 꽃, 지는 달, 흐르는 물, 쓰러지는 이슬은 모두 무상과 환멸의 표상인 것이냐? 고요한 밤 깊은 산에서 밝은 달과 고운 꽃이 서로 비쳐 밝게 빛나고 있으니 황홀한 정감, 탐욕이 사라지는 생각 속에 오히려 무한한 생명의 감격이 없을 수 없다.

인생은 짧되 예술은 길다고 하였다. 짧은 일생 중에도 오히려 만세에 썩지 않는 존귀한 가치를 남기려 하니 인생의 고통도 있고 또 웅숭깊은 생명의 감격도 있는 것이다. 모든 것이 변한다는 인생무상의 덧없는 슬픔 가운데에서 오히려 변함이 없는 대우주의 생명을 예찬하면서 인생 행로를 개척하고자 하는 곳에 현대 청년의 바꿀 수 없는 강고한 결심이 있는 것이다.

꽃이 피어 꽃이 지고, 달이 떠서 달이 지며, 물이 가니 개울이 길고, 구름이 흩어져서 산의 모습이 또 드러나니, 끝없이 이어지고 숨었다가 나타나는, 이 조화의 묘한 이치를 반드시 따지는 것이 필요하겠는가? 먹고, 마시고, 자고, 일하는 가운데에 벌어지는 세상의 변화는 어찌 또 내가 제멋대로 할 것인가? 두어라, 궁함과 통함, 영예와 욕됨은 인간 세상의 상태이다. 희로애락은 깊은 바다의 물거품이다. 승당(僧堂)에 그늘이 들었으니 잠이나 잘까?

지리산

영호남기행 1
지 리 산

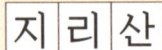

지리산

　　오늘은 쌍계사를 떠나 지리산 명소를 대강 두루 다녀 보고자 한다. "난정이의 재택구허(蘭亭已矣 梓澤丘墟)"[1]라고 왕발(王勃)은 한탄하였다. 소위 육신의 밖에 방랑한다는 왕우군(王右軍)의 난정(蘭亭) 노름같이 잠시의 청유(淸遊)*를 위함은 아니지마는 이 명산 영경에서 많은 동지와 수일 동안 교분을 맺고 이제 각자 헤어지려 하니 끝없는 슬픔의 정이 있다. 원래는 지리산 최고봉에 치달아 운해 6만 리의 장관(壯觀)을 바라보고자 하는 생각이었는데 시일이 바쁘고 천왕봉(天王峰), 반야봉(般若峰)의 모든 봉우리에는 아직도 쌓인 눈이 깊고 추위가 심해서 오르기가 아주 어렵다 한다. 또 전남으로 향하여 처음 대하는 지방 사정을 한번 살펴보는 것도 필요한 일이어서 진주로 돌아가기를 단념하고 반야봉을 거쳐 구례군(求禮郡) 화엄사(華嚴寺)로부터 순천, 광주(光州) 등의 지역으로 향하기로 결정하였다. 그리고 이날은 불일암(佛日庵)

---

*　속되지 않은 놀이 혹은 아담한 휴식.

을 지나 칠불암(七佛庵)에 가서 자려고 한다.

쌍계사 이름은 오래되었고 『동국여지승람』에도 기록이 남아 있지만 지금은 한참 바빠서 한가하게 둘러볼 수가 없다. 떠나기 전에 먼저 쌍계석문에 내려가서 고운 최치원의 필적을 보았다. 비록 비바람에 시달린 흔적이 있으나 자획이 아직 또렷했다. 불일암까지 동행을 약속한 사람이 많았으나 먼저 떠나가게 하고 나는 이야기를 나누느라 뒤떨어졌다.

나중에 새로 온 사람과 함께 서너 명이 뒤를 쫓아간다. 국사암 뒤에 있는 봉우리로 들어가 비교적 평탄한 길로 올라간다. 약간의 봉우리를 넘고 분지를 지나고 숲이 엉성한 사이로 빠져서 간다. 길가에는 파랗게 올라오는 원추리가 있고 두견화의 시든 떨기가 있고 만발한 복숭아꽃이 있어 높은 산에 오른다는 기분이 더욱 깊어진다. 쌍계사와 불일암의 사이는 10리의 거리이거니와 중간의 경치는 적이 평범하다. 비탈길을 오르기가 그냥도 숨이 찬 데 그중에는 우렁찬 목소리로 걸음걸음 장단을 맞춰서 춘향의 '옥중가'를 청승스럽게 부르는 길동무도 있어 경치 구경을 돕는다.

걸음을 재촉하여 올라가는 동안 사람에게 놀란 큰 노루가 뒷발로 흙을 차면서 위쪽 봉우리를 향하여 잡목 숲속으로 내닫는 모습이 쾌활한 맛이 있다. 불일암에 가까이 갈수록 봉우리가 더욱 뛰어나게 훌륭하고 수풀이 더욱 울창한데 고개를 넘어 멀리 암자를 바라보면서부터는 하나뿐인 돌길이 절벽 위에 매달렸다. 바위턱을 디디고 나무등걸도 밟고 오르기 시작했다. 절벽이 가장 위태롭고 험한 곳에는 긴 나무를 걸치고 작은 흙다리를 놓았는데 걸음걸음마다 휘청대는 것이 겁이 많은 사람이면 심장이 간지러울 만하다. 그러나 삼각산(三角山) 백운대(白雲臺)에 비하여 오히려 평순하고, 관악산(冠岳山) 연주대(戀主臺) 길과는 엇비슷하다.

불일암에 다다르니 먼저 온 지인들이 모여 있었다. 주지승이 차를 내오고 정답고 친절하게 접대한다. 세 칸의 작고 초라한 초가 암자요, 왼쪽에는 다시 세 칸의 초막(草幕)이 있다. 뒤로 높은 봉우리가 솟아 있고 앞으로는 수백 척의 깎아지를 듯한 절벽에 위치했는데 청학봉(靑鶴峯), 백학봉(白鶴峯) 두 봉우리가 계곡을 끼고 버티어 서 있다.

서북쪽으로 반야봉에서 남쪽으로 내달은 큰 줄기가 자못 굵고 단단한 기세로 시야를 가로막아 산 중턱에는 5~7개 가옥이 작은 방울같이 달려 있다. 서남쪽으로 광양(光陽)의 백운산(白雲山)이 하늘에 닿은 듯이 구름과 연기 속에 희미하게 걸쳐져 있어 서쪽 암자의 정면으로 마주 보인다. 깊은 골짜기라 외진 곳이지만 숲이 아름다운 것이 산속 특별한 세계인 느낌을 준다.

불일암 동쪽이 지리산 제일이라고 추천하는 자 있으니 아직 비교할 수 없으나 산수의 아름다움이 매우 빼어난 곳인 것을 단언할 만하다. 차를 마시고 땀을 씻은 후에 겉옷을 풀고 다시 불일폭포(佛日瀑布)의 험한 정도를 탐사한다. 먼저 와 본 벗과 지인들은 그 험난함을 자랑한다. 구두를 신은 채로 걸음걸음 내려간다. 굵다란 진달래 가지를 붙잡고 잠깐 계곡을 내려다 보니 수십 길의 암벽이 스스로 삼엄한 느낌을 일으킨다. 이러한 비탈을 내려갈 때 먼저 간 사람의 벗어버린 신발은 뒤따르는 사람을 위태롭게 한다. 바라보니 일말의 세찬 폭포가 바위 골짜기의 오른쪽으로부터 떨어져 풍광이 꽤 장엄하다. 일본인의 기록에 높이가 60m라고 했거니와 눈으로 보이기에는 80~90척이나 될 것 같다. 떨어지는 물이 연못을 이루니 매우 맑아 주옥같고 반석(盤石)에 앉아 세수한 후 두 손으로 움켜 마시니 시원한 맛이 위장을 씻는 듯 하다.

    물이 잔돌의 위로 흘러가고 좌우를 닦는다. 절벽에 들어박힌 진달래꽃이 점점 가득 피어 붉은색을 자랑하여 깊은 골짜기의 봄빛이 스스로 그윽한 별천지를 이루었다. 기름불같이 서로 부대끼는 속세를 잠깐 떠나 이 깊은 산 신비한 곳에서 하루 한가하게 신선처럼 사는 복을 누리는 것도 쉽지 않은 인연이라 할 것이다. 청학과 백학 두 봉우리 중간으로 쏟아져 내리는 물이 다시 두 연못 용추(龍湫)와 학연(鶴淵)을 이루고 있는데 그 깊이를 헤아릴 수 없다 한다. 암자에 올라와서 다시 지인과 더불어 차를 마시면서 주지 스님을 대하고 이야기를 한다.

    신라 헌강왕 2년(876년)에 고운 최치원이 쌍계사에서 나와 돌아다니다가 이곳에 오니 계곡의 빼어남을 사랑하여 이 암자를 창건하게 하였다 하니 올해를 기준으로 약 1093년 전이다. 국사암 창건이 성덕왕 22년(723년)이라 하니 불일암이 국사암보다 약 10년 늦다. 암자의 기록을 훑어보니 당나라 개원 1년(714년) 창건이라 하고 선통 3년(1912년)에 손질해 고쳤다는 내용이 있다. 끝으로 아무개 본사 주지의 "이에 인증(認證)한다"라는 문구가 있다. 조선인 국민성의 사대주의적인 결점을 골고루 표현한 것이기에 꽤 불쾌한 감정을 일으킨다.

때는 오전 11시, 권하는 뜨거운 차를 마신 후에 칠불암으로 가려 한다. 보성(寶城)의 최창순 씨와 길동무를 하기로 했다. 고개를 넘어 내려오니 일대 분지가 토양이 비옥하여 개간하면 논밭이 될 것 같은데 지관(地官)이 하는 말이 그리하면 불일암에 경제적으로 이득이 없어 개간하지 않아 불일암의 빈곤이 자못 심한 모양이다. 내려오는 중간에 계곡의 부녀가 산나물을 캐느라고 바구니를 들고 나무 그늘에서 웅크리고 다니는 양이 매우 가엾게 보인다. 물어보니 산나물을 팔아서 생계를 이어가고 있다고 한다.

길가에 넓은 돌 하나가 있으니 마제암(馬蹄岩)이다. 옆으로 부러진 고목의 등걸이 있으니 최고운이 말을 맸던 나무다. 바위 위에 뚜렷한 말굽 자국이 있어 말굽 모양의 철 자국까지 분명하니 크기가 현대의 말굽으로는 미치지 못할 것이다. 산의 승려들이 유람객을 끌기 위해 조각한 것이 아닌가 의심도 든다. 바위 옆에 복숭아꽃이 있는데 떨어지는 꽃잎이 맑은 물에 떠내려가고 물소리 또한 들리니 특별한 세계인 것이 분명하다.

> 두류산 양단수의 유명함을 예전에 듣고 이제 와 보니
> 복숭아꽃 뜬 맑은 물에 산 그림자까지 잠겨 있구나.
> 아이야, 무릉도원이 어디더냐. 나는 여기인가 하노라.

조선 중기 유학자인 남명 조식(曺植)이 지리산의 빼어난 경치를 예찬한 시조이다. 두견화도 좋고 철쭉도 좋고 산에 핀 꽃 중에 가치 없는 것이 없겠지만 계곡 이르는 곳마다 활짝 핀 복숭아꽃이 끊이지 않는 것이 더욱 절경이다.

무릉도원을 사모하는 것은 은둔적인 조선인의 도피 심리를 말함이거니와 그들에게는 산중 별계를 찾아 안온한 일생을 누리고자 하는 갈망이 없던 때가 없었다. '청학동(青鶴洞)'이라는 곳이 있다. 지리산 가운데 경치가 뛰어난 영지(靈地)라고 한다. 고려의 이인로(李仁老)는 벗들과 약속해 청학동을 들어가려 했으나 찾지 못했다는 기록만 남아 있다. 청학산인(青鶴山人) 위씨(魏氏)라 하는 사람이 이곳에서 제자, 손님과 함께 지금과 옛날의 얻고 잃음을 논하였다는 것이 그의 문집에도 있다.

그동안 청학동을 가 본 자가 없다 한다. 내가 불일암에서 청학봉을 바라보며 청학동이 어디인가 물어보니 스님이 웃으며 청학동은 함양(咸陽) 방면에 있다고 하나 지금

껏 찾은 사람이 없다고 한다. 큰 강의 물소리가 요란스러워도 그 형세가 보이지 않는 것처럼 사람의 인정이 쌀쌀하여 그 믿을 바가 적다. 내 차라리 청학에 신선이 사는 경치를 찾아가 바위굴에 터를 잡으랴? 산중에는 별천지가 없고 인간 세상의 급격한 변화가 오히려 마음속에 품은 생각을 돋우니 점점 흩어지는 복사꽃과는 인연을 맺을 수 있을까?

마제암에서 한참 내려와 기어서 환학대(喚鶴臺)에 오르니 넓은 돌 위에 열몇 명이 앉을 만하다. 옆에는 밤나무가 솟아 아직 잎이 피지 않았다. 최치원이 벗을 모으고 학을 불러 반석 위에서 놀던 곳이라 한다. 몇몇 노인들이 위엄 있는 관을 쓰고 도포를 입고 띠를 두르고 간편한 차림으로 올라오는 것이 불일암을 향하는 듯하다. 고성에서 오는 도중에 작은 옷에 베로 만든 띠를 두른 몇몇 행인을 보고 꽤 기이하다는 생각을 한 적이 있다. 여기서 또 높은 관 쓰고 소매가 넓은 두루마기를 입은 사람들을 본다. 선통 3년이라는 말과 그 인증을 강조한 마지막 서명과 높은 관에 소매 넓은 두루마기와 무늬가 있는 옷감으로 지은 옷과 나막신까지 조선인의 사회에서 다같이 볼 수 있는 것은 아주 심한 기괴함이다.

쌍계사에 돌아오니 대회 회원들은 점심밥이 한창이다. 점심밥을 재촉해서 먹고 곧 칠불암행을 떠난다. 순천군(順天郡)의 박병두 씨가 새로 길동무를 허락하니 일행은 3명이다. 문밖으로 나서서 일시에 악수로 작별하니 일동은 화개로 내려가 하동읍으로부터 출발하기로 하고, 우리 3명은 쌍계의 석문으로부터 서북으로 돌아 칠불암으로 가기로 한다. 도진호, 박영진 두 사람이 석문 밖까지 와서 석별의 정을 표한다. 도 씨는 쌍계사 보명학교장이니 박 씨와 함께 모두 해외에서 유학하였고 문화운동을 위하여 힘을 다하며 경성에서 바삐 지내다가 지금은 산속에 정주하여 탐구에 뜻을 두고 한편으로 교육에 진력하는 중이거니와 이번에 친절한 정과 의리에 감사할 바이다.

길을 나선 지 5~6리에 쌍계사로부터 함께 한 학동은 모자를 벗어 경례하고 산봉우리가 깊은 곳 오른쪽 마을로 올라간다. 소나무와 대나무가 어울려 푸르고 배꽃이 눈같이 하얗게 피었는데, 중간에 닭이 울고 개 짖는 소리가 들리니 그야말로 무릉도원이 이런 건가 하는 생각이 든다. 학동의 그림자가 보리밭 가로부터 소나무와 대나무숲 속으로 잠기기까지 바라보며 시냇물을 끼고 북으로 향하여가 용강리 촌점에 다다르니 길가에 정자가 있다. 서너 명의 촌노인들이 모여 있으므로 옆에 앉아 가는 길을 묻는다. 하늘에 닿은 듯한 이어지는 봉우리를 가리키며 "동북으로 벽소령(碧宵嶺)을 넘으면 안의(安義), 거창(居昌)으로 가는 길이고, 서북으로는 칠불로 들어가는 길이니까요" 하는 어조가 마치 광대의 말투 같다.

길가 시내에는 종이를 만들기 위해 닥나무를 담근 것

이 있고 마포, 길쌈하는 가마가 있고 보리밭 고랑에는 연초 끌틀과 사이짓기한 낮게 벤 닥나무 등걸이 흩어져 있는 것이 매우 흥미 있게 보인다. 이곳은 연초가 특산이고 하동 종이의 산출도 또한 유명하다 한다. 시내 위에는 제지소인 초가집도 있다.

지명을 묻고 지방 사정도 묻는다. 운수동, 화랑촌은 구름 속으로 있는 마을 이름이고 층층 겹친 산의 위에 걸린 길은 농로라 한다. 계곡 각지 전답이 6~7평으로 수십 평, 백여 평에 불과한 배미*인데 매 배미마다 반드시 3~4척 내지 십수 척 높이의 돌담으로 두렁을 지었으니 인력이 많이 들었음을 짐작할 것이다. 다만 풀과 가지를 꺾어 비료만 주면 수리는 매우 편리하고 이모작으로 수입이 풍족하므로 땅값이 자못 비싸서 현금에도 한 두락**이 백 원이나 되며 거의 전부가 소작농의 경작이라 한다.

노루고기포로 안주 삼아 일행은 몇 잔 술을 기울이고 떠난다. 반야봉(般若峰)에서 떨어지는 물이 50~70리를 흘러 여기까지 와서 강폭 50~60간에 달하며 물의 양도 자못 많다. 이 부근 연곡(燕谷) 일대에는 밤나무가 많다. 예부터 밤의 생산지로 이름이 났다. 종묘신주(宗廟神主)에 사용할 재료를 공급하기 위하여 80리 주위의 나무를 베는 것을 금했다. 백성들은 크고 작은 도끼를 대지 못했다. 항상 주주

---

*　논두렁으로 둘러싸인 논 하나하나의 구획.
**　논밭 넓이의 단위.

재목이 필요할 때마다 조정에서 주재차관(主材差官)이 내려왔다. 한 재목이 필요할 때마다 수백 그루를 베고 차관이 지나는 곳마다 반드시 횃불을 밝히고 섬진강에는 떨어지는 불을 밝혀 놓아 그 위세를 높였다. 백성에게 끼치는 폐해가 심했다고 한다. 그리고 화개와 연곡에 지네가 나오기에 매번 지네 담당 관리인 지네차관(蜈蚣差官)이 내려오면 또 그렇게 폐해가 컸다고 한다. 산촌서당의 훈장인 듯한 유생이 도도하게 해주는 말이 매우 그럴 듯이 보인다.

길을 계속 간 지 십 리 남짓, 시골의 한 가게에 이르니 수십 명의 손님들이 안팎에서 시끄럽게 떠든다. 이곳에는 세이암(洗耳巖)의 유적이 있는 까닭에 잠깐 쉰 다음에 벽소령 가는 길로 5~6길 들어간다. 동쪽이 자못 넓고 기운이 거침없는데 만발한 복숭아꽃은 첩첩산중에 울긋불긋 가득 피어 있다. 물소리가 시끄러운 곳에 암석 위로 건너뛰며 구비를 한참 돌아가니 십수 길의 돌벽이 오른쪽에 벌어 섰고 중간에 평탄한 반석이 위아래로 늘어 놓였으며 가장 넓은 자리에 '세이암' 세 글자가 있으니 최고운의 친필이라 한다. 쌍계석문의 필적보다 우아한 멋이 있다. 암벽 위에는 많은 이름 중에 전 판서 최익현(崔益鉉)의 글씨가 뚜렷하나 면암(勉菴) 최익현(崔益鉉)* 선생이 아닌 것은 물론일 것이다.

반석 위에는 수많은 돌구멍이 있으니 신선이 머리를

---

* 최익현(崔益鉉, 1833~1907): 호는 면암(勉菴). 1905년 을사늑약 때 의병을 일으켰으나 체포되어 대마도에서 순국했다.

감는 대야라 할까. 동행한 최창순(崔昌淳) 씨와 서로 돌아보며 말하기를 "천하에 일이 많으니 손을 씻어 깨끗이 함이 마땅하도다."

상의와 모자를 벗고 한창 세수하는 중에 갑작스럽게 불어 온 바람이 모자를 날려 세이암 아래에 떨어졌다. 지팡이로 당겨 흔들어 씻으며 "물이 맑으니 모자를 씻으리라"[2] 하니 뜻밖에 감흥이 많았던 경험이다.

사방의 풍광이 북한산(北漢山) 세검정(洗劍亭)과 비슷하되 굴이 넓고 봉우리가 제법 힘찬 것이 꽤 다르다. 배꽃의 푸른 잎이 쓸쓸한 왼쪽 기슭 위에 있는 것이 매우 좋다. 돌아오니 피로를 느끼는 박병두는 시골 가게에서 몹시 기다리고 있었다.

최치원은 신라가 쇠락하는 시기에 태어났지만 그의 총명하고 민첩한 문학은 오랫동안 유명했다. 때를 얻지 못하고 험하고 고통스러운 일생을 산속에 파묻혀 지냈다니, 산수가 뛰어난 절경에 그의 옛 자취를 많이 볼 수 있는 것은 이 때문이다. 그가 고려 태조에게 보낸 글에 "계림은 시들어 가는 누런 잎이요, 송악은 푸른 소나무다"[3]라는 글귀가 있으니 여기 담긴 뜻이 신라의 쇠퇴함과 고려가 흥할 것을 풍자함이다. 그러나 그가 산수 사이에 방랑함이 어찌 또 그의 본의이겠는가? 그의 가야산시(伽倻山詩)에 "항상 시비하는 소리 귀에 들림을 두려워하기에 흐르는 물을 시켜 온 산을 둘러싸네"[4]라는 글귀가 있었으니 세이암반

(洗耳品畔)에서 귀를 씻던 마음은, 오랜 세월 지나 나 또한 그의 생각을 헤아리겠다. 계속 가서 칠불암에 이르니 암자가 높은 산꼭대기에 있어 풍채와 기개가 뛰어났다. 이날은 칠불암에서 잤다.

세이암에서 칠불암으로 올라가는 길은 점점 비탈이 높아진다. 다시 산등으로 넘어가서 자작나무, 단풍나무, 느티나무, 해나무와 기타 잡목림 속 산봉을 오르기 몇 번에 범왕리 촌락을 동북으로 바라보았다. 산대나무가 쭉 깔린 굽은 등을 돌아서 비로소 곱고 아름다운 누각이 산 중턱에 솟은 것을 보았다. '해동제일도량(海東第一道場)'이라고 쓴 커다란 현판이 보설루(普說樓) 정면에 걸려 입산자의 첫눈에 보인다. 절 앞에 신령한 땅이 있다고 예전에 들은 적이 있어서 먼저 그곳부터 살펴보았다. 사원으로부터 육칠십 칸 밖에 있는 7~8평의 작은 땅인데 사원의 그림자가 물속으로 비치는 것이 꽤 볼 만한 것이라 한다. 때는 오후 5시 30분, 가파른 산꼭대기에 형세가 원만하게 조화를 이루고 있고 부근에 위험한 돌이 없으니 두터운 기풍을 느끼게 한다.

북쪽에 산을 의지해 보광전의 법당이 있고 정면으로 보설루가 있고 서쪽 행랑은 벽안당(碧眼堂)이니 다른 말로 아자방(亞字房)이다. 동쪽 행랑은 설선당(說禪堂)으로 정방형의 배치가 사방의 산세와 합치되는 바 있어 매우 가지런하고 정돈된 느낌이 있다. 계곡의 아름다움은 거의 없고 구례의 백운산이 멀리 보이는 경치가 불일암과 비슷하다. 산세

이미 높고 바람 기운도 따라서 차가우며 쌍계사 부근과는 시간도 반나절 이상의 차이가 있어서 홍도화와 목련화는 망울이 채 달려 피어볼 생각도 없는 듯 배롱나무, 은행나무는 아귀도 터지지 아니하여 쓸쓸한 기분이 겨울과 같다. 길을 더 가서 뜰 가장자리에 이르니 한 그루 무궁화가 소슬하게 홀로 서 있다.

산하 천 리 이르는 곳마다 수많은 벚꽃을 보았고 여기에서 비로소 '근화(槿花)'를 본다. 한자로 '무궁화(無窮花)'라고 쓰지만 무궁(無窮)은 조선의 원어이다. 남조선 사람들은 무궁이 꽃이라 하니 한자 무궁(無窮)을 말하는 것이 아니다. 일본어에서 '근(槿)'을 무구게[木槿, ムグゲ]라 하니 고조선말에서 물려받아 내려옴이다. 조선을 '근역(槿域)'이라 하니 무궁이 꽃이 많기 때문이거니와 중국 산동성 일대에까지 오히려 근화가 분포되어 흔히 묘지에 있다. 꽃이 단판으로 되어 넉넉한 맛이 없고 일반적으로 홍근(紅槿), 백근(白槿), 자근(紫槿) 등이 있으나 색과 모양이 매우 기력이 없고 향취가 없을 뿐 아니라 한여름에 피기 시작하여 백화난만(百花爛漫)한 봄빛으로부터 뒤떨어진다. 꽃피는 기간이 길긴 하지만 활짝 피는 사이를 제외하고는 꽃 모양이 매우 빈약하고 작아서 꽃 하나의 수명이 하루에 불과하여 소위 근화일조(槿花一朝)의 꿈*을 말하게 되니 국화로서 매우 옳지 않다.

---

* '근화일조몽(槿花一朝夢)'이란 말은 직역하면 '무궁화 꽃의 하루아침 꿈'을 가리키는데, 아침에 피었다가 저녁에 지는 무궁화 같이 사람의 영화(榮華)가 덧없음을 비유해서 쓰는 말이다.

잠자리를 정한 후 다시 고로쇠물을 사서 각각 몇 잔씩 마시고 저녁을 먹은 후에 아자방을 보러 간다. 주지 양용은 화상이 나와 맞이함에 감사를 표했다. 입산한 지 44년에 일찍이 속세의 일을 모른다 했다. 눈썹이 하얀 것을 보니 연세가 많다는 것을 짐작하겠다. 아자방의 유래를 들은 지 오래거니와 신라 효공왕 8년(904년)에 담공선사(曇空禪師)가 이중온돌 구조로 만든 후 지금까지 1808년이 지나도록 개조한 일이 없었다. 중앙의 오목한 십자부와 양측의 높은 아자부는 높이의 차가 약 2척에 달하되 불을 땠을 때 더운 기운의 정도가 전부 균일한 것이 신기한 일이라 한다. 실내는 작년에 수리하여 요철부의 벽면을 돌로 장식하고 위에는 4개의 용관(龍管)을 만들었으며 장판에는 팔엽연화형(八葉蓮花形)의 백동(白銅)으로 꾸며 아름다움을 간직했다. 저녁에 용은화상이 다시 숙소에 나와 지리산의 형세와 사원 개창의 유래와 입산 이후 40여 년의 경력을 말한다.

　옛날 가락국 김수로왕이 천축황후 허 씨를 맞이하니 그가 즉 성모이다. 수로왕의 친형 장유화상(長流和尙)이 허 황후를 따라 동쪽으로 옮겨 왔고 후에 또 성모가 9명의 자식을 낳으매 원자(元子)는 왕위를 계승하였고 둘째는 허 씨 성을 계승하였으며 그 밖에 일곱 명은 모두 처음으로 선술(仙術)을 배우고 불교를 숭배하여 장유화상과 함께 사찰을 개창하였다 한다. 사천의 기룡사, 합천의 가야산, 지리산의 불일암이 모두 그들이 입산해 수련하던 곳이다. 마지막으로 이곳에 와서 성불하니 '칠불'의 이름이 여기에서 비롯되었다 한다.

보광전(普光殿)의 금불은 용과 호랑이로 법좌를 꾸몄다. 아자방의 장식에도 용머리를 새겼다. 모두 왕자가 의지하던 곳이기 때문이다. 경내에는 예전에 큰 왕죽(王竹)이 자라서 진귀했다고 한다. 누운 소 모양으로 생겼기에 우배죽(牛背竹)이라 부르는 대나무가 자라니 갈대처럼 가늘고 엷은 꽃이 피기에 진기하다 한다.

불교가 수입된 게 고구려 소수림왕 2년(372년)으로 자로왕 이후 수백 년이다. 동해의 가섭원(迦葉原)에서 불법을 배운 것이 현대불교 수입 이전의 일이다. 장유화상의 옛이야기는 희귀한 것이다. 가락국 민등왕 때에 암시선인(嵒始仙人)이 칠점산(七點山)에서 초현대(招賢臺)로 와서 자연위교무언위화(自然爲敎無言爲化)5)의 옛 도를 전하고 제사로 음식을 대접했는데 오직 옥찬(玉餐)*을 올렸다고 한다. 신선의 수행법을 숭상하는 것은 조선에서 예부터 전해오는 풍습이라 7인의 입산이 또한 이를 위함인가? 바쁜 가운데 자세히 검토할 길이 없다. 암자의 부근에는 지금도 옥부선인이 놀았던 옥부대(玉浮臺)가 있다고 한다.

23일 아침 피곤한 중에 하룻밤을 쉰 일행은 오늘 일정을 세운다. 서남쪽으로 연곡을 지나 연곡사(鷰谷寺)의 옛 사적을 보고 구례 화엄사로 가는 것이 하나요, 동북으로

---

* 신선이 먹는 음식.

벽소령을 넘어 영원사(靈源寺) 수석을 보는 것이 또 하나다. 영원으로 돌아서 천왕봉까지 가기로 하면 6~7백 척에 달하는 지리산 최고봉에 오르게 되는 것이나 시간 문제로 단념했다. 서북쪽으로 반야봉을 지나 영호남 일대 해산의 풍광을 한눈에 보고 다시 화엄으로 내려감이 또 하나다. 그러나 주지 이하 모든 승려는 반야봉행의 어려움을 이야기하고 단념하기를 열심히 권한다. 2원을 주기로 해도 안내자가 한 사람도 안 나선다. 이에 떨쳐 일어나 세 사람이 오르기로 한다.

일행은 다시 고로쇠물을 가득 마시고 지팡이를 다시 짚고 반야봉행을 떠날 때, 주지 양용은 화상이 봉 밖에 나와 석별하며 "만일 반야봉 위가 쌓인 눈이 심하고 행로를 찾기 곤란하거든 오직 계곡물을 따라 내려오는 것이 안전합니다"라고 말했다. 세 사람이 암자의 서북 기슭으로 돌아 한참 가는 동안 산세의 웅장함과 골짜기가 외진 것이 갈수록 더했다. 산밭에 보리가 푸릇푸릇한데 허수아비를 세우고 활과 화살을 해 놓은 것이 보였다. 산짐승의 침입을 방지하기 위해 해놓은 것이다. 여러 이야기를 하며 가는 동안 우거진 숲속에 솨솨 소리가 나며 한 쌍의 큰 멧돼지가 새끼를 데리고 윗봉우리로 치닫는 기세가 매우 맹렬하게 보인다. 산 중턱까지 내려와 계곡에 도달하니 이곳이 칠불암 이래 가장 낮은 곳이다. 반야봉까지 아주 가파른 언덕을 올라서 쉬지 않고 수십 리를 갔다.

건너가는 여울목에 세 개의 큰 너럭바위가 있어 평탄한 모양이 수십 명씩 앉을 수 있겠다. 옆에 쏟아지는 물이 삼 층의 작은 폭포를 이루니 봄 가뭄이 있음에도 수량이 자못 많다. 너럭바위 밑에 십수 평의 작은 연못이 생겼는데 맑기가 가을 물과 같다. 곁으로 버드나무 숲에는 어린 잎이 한참 피는 중이다. 이때 날씨가 따뜻하고 햇볕이 밝게 비쳐 등산하는 사람의 심회를 기쁘게 만든다. 이에 버드나무 가지를 꺾어 풀피리를 만들어 세 사람이 한꺼번에 부니 오늘 하루 신선이 된 기분이다. 속세에서는 부러워하는 일이다. 오래지 않아 한 쌍 부부가 산 위에서 내려오기에 길을 묻고 떠난다. 풀피리를 거두어 주머니에 넣고 버드나무를 주워 흐르는 물에 던졌다.

나무 베는 아이들을 만나 물어보니 이곳이 연동이고 산대나무를 베는 것은 '해태조합'에서 가져가는 죽렴(竹簾)*을 바다 밑에 깔아두어서 해조류인 해태를 양식하기 위함이란다.

지리산 곳곳에 이 시누대가 덮여 있다. 시누대는 작은 대나무다. 이후로부터 줄곧 듬성듬성한 숲속으로 자잘한 돌을 디디어 샛길과 구불구불한 길을 끝없이 올라간다.

다시 봉우리를 올라간 지 몇 리에 또 초가집이 산 중턱에 있다. 가서 보니 기둥이 별로 없고 오직 긴 나무를

---

* 대나무로 만든 발. 가늘고 긴 대를 줄로 엮거나, 줄 따위를 여러 개 나란히 늘어뜨려 만든 물건.

정(井)자형으로 포개어 사각형의 토실을 짓고 중간에 구획만 두었을 뿐이다. 방 안에서는 두건을 쓴 백수 옹이 짚신을 삼고 있고 마당에서는 아낙네가 노파와 함께 면사(綿絲)를 매고 있으니 방적을 준비함이다. 작은 아이가 곁에 있어 우리를 왜놈이라 부르며 울려 한다.

　　노옹에게 물으니 들에 살던 사람인데 생계를 꾸려갈 수가 없어 입산했는데, 입산한 지 오래되지 않았다 한다. "세금 없는 곳이 있습니까? 1년 내 농사지어 지주를 주고서도 도적놈 소리를 듣지요. 세상에 주인 없는 것이 있습니까? 감자도 소작료를 바치는데 2석 삼십 두, 1석 십오 두, 층층으로 낸답니다. 보조원과 순사를 피하여 두메 속에 왔더니 이제는 노루와 산돼지가 보조원 순사라우." 이렇게 계속 짚신을 삼아가며 기운 없이 하소연하고 있다. 아낙네는 고로쇠물을 내어 권하므로 각각 한 사발씩 시음한다. 매우 시원하고 담담하되 맛이 떫으니 진품인 것을 알 것이다.

　　다시 한 봉우리를 지나 골짜기로 올라갈새 외진 산 중턱에 잡초를 헤치고 작은 집 한 칸을 짓는 사람이 있다. "천하가 넓고 토지가 많은 데 어째서 이 깊은 산골짜기에 와서 무엇을 바라고 집을 짓습니까?" 하고 물었다. 그는 "아래는 사람 사는 집이 안 많습니꺼? 땅이 우리와 같이 천한 사람에게 돌아옵니꺼?"라고 대답했다. 들어보니 걱정할 일이다.

다시 한 봉우리를 지나 동서로 뻗쳐서 이어지고 겹겹이 겹친 산봉우리를 향해 올라가니 폐허가 된 초가집이 있다. 갈림길이 좌우로 갈렸는데 깊은 곳으로 멀어지기가 이미 십수 리였다. 사방을 돌아보니 인가의 모습이 끊어지고 까마귀와 까치의 소리조차 들을 수 없다. 산세가 높고 바람 기운이 차갑다. 때때로 오직 짐승 무리가 달릴 뿐이다. 산새들도 깃들지 않았기 때문이다. 시내 건너 또 시내요, 봉우리 올라 또 봉우리이다. 발밑에 구름 일고 숲속에 바람 불 때 어디서 접동새 우는 소리 남의 애를 끓게 한다. 이어지는 겹친 산봉우리를 휘돌아 막아서고 아름드리 큰 나무가 빼곡하게 들어서 있는 구불구불한 길이 암석의 오른편으로 감돌아가고 풀숲은 좌우에 우거졌다. 우르르쾅! 쏴! 하는 것은 솟구치는 물소리이고 우수수와! 하고 위세 좋게 울리는 것은 센 바람이 골짜기에 들어 숲이 흔들리고 모든 구멍에서 힘차게 지르는 소리이다. 아아, 처참한 것은 이때쯤에 높은 산에 올라가는 광경이다.

그러나 초가집의 폐허에서 의심스러운 갈림길을 만나 주저하고 있는 때쯤에는 이미 물소리, 새소리도 다 멀어지고 오직 찬바람이 세게 불고 하늘이 을씨년스러웠다. 머리를 젖혀 우러러보니 높은 봉우리 아래에 검은 구름이 일어나며 찬바람이 으스스하게 뺨을 긁어 지나간다. 갑자기 오른쪽 봉우리 위에 나무꾼의 노래가 들리므로 반겨 큰 소리로 불러 가는 길을 물어보려 하니 노래가 뚝 그치며

나무꾼은 풀숲으로 몸을 숨기고 이내 나오지 않는다. 대학 연습림을 순찰하는 사람인가 겁이 난다.

왼편 길은 아주 험한 곳으로 통했으니 산간 나무꾼이 다니는 좁은 길이다. 오른쪽 길은 동북으로 향하는데 큰 산길이라 반드시 서남쪽으로 방향을 바꿔 오른쪽으로 가는 것이 옳겠다. 계속 가서 고개 위에 오르니 다시 한 봉우리였다. 마른 소나무와 회나무가 좌우로 쓰러진 곳에서 잠시 다리를 쉬고 이미 흩뿌리는 비를 맞으면서 다시 간 지 2~3리에 민새등에 올랐다. 민새등은 수목이 없고 오직 달포기가 무성해서 산꼭대기를 덮었다. 이때에 산의 모습은 이미 무리지어 자라는 대나무도 없고 오직 왜소한 관목숲이 암석 주위에 있을 뿐이다.

강풍을 피하여 점심을 먹으니 침체되었던 원기가 일시에 회복된다. 공기가 희박하고 온도가 낮은 데다가 비가 많이 내려 적지 않게 피로를 느꼈다. 기록하기 위하여 만년필을 뽑으니 잉크가 스스로 솟아 나왔다. 대기가 희박한 까닭인 것을 깨달았다. 회복된 원기로써 토봉에 올랐다. 토봉은 반야봉의 하봉이고, 그 다음이 중봉, 또 다음이 상봉이다. 봉머리에 두 개의 선바위가 있어 토끼의 귀 모양과 같으니 봉 이름이 이 때문인가? 비를 무릅쓰고 암각에 올라서니 구름과 안개 때문에 더욱 어둡다. 높낮이를 헤아릴 수 없고 오직 살을 에는 듯한 날씨에 오래 머물기가 어렵다. 강풍에 휘날릴까 두려워하며 조심조심 걸으며 내려왔다. 때는 정오였다. 암석 위에서 석이버섯과 이끼류를 뜯고 다시 중봉에 오르려 할 때 소심한 박 형은 그만두자고 권했다. 비가 이미 많고 강풍이 심한 가운데에 구름과 안개가 하늘의 태양을 가려 방향을 짐작할 수 없으니 무모한 용기인 까닭이다. 반야의 상봉을 지척에 두고 오르기를 단념하는 것은 매우 유감이다.

이에 반야봉을 왼쪽으로 끼고 그 오른쪽으로 돌아간다. 늙은 소나무가 있고 전나무와 측백나무 등 여러 나무가 있고 무수한 철쭉숲이 덮였으니 한여름 활짝 필 때면 인간 세상이 선계(仙界)로 바뀔 것이 분명하다. 기타 잡목도 많았다. 계속 간 지 몇 간에 쌓인 눈을 만나니 해발 5천 척의 높은 봉우리라 음력 5월 중순에야 비로소 전부 녹는다고 한다. 만병초(萬病草)라 하는 활엽수가 있어 장과(樟科)*식물로 상록의 긴 잎사귀가 자못 진기해서 모두 기념으로 채취했다. 눈이 계속 쌓이고 암석으로부터 수목의 줄기에까지 이끼류가 두텁게 덮여서 마치 추운 지방의 풍광과 같았다.

석영의 암맥이 도처에 퉁겨진 것과 화재에 타다 남은 바위 부근 집의 폐허를 보면서 간 지 십수 리에 길 가는 중에 우뚝 선 절벽을 지나고 우뚝 솟은 석문을 비켜 가고 높은 봉우리와 절벽 위에서 떨어지는 흰 폭포를 보고 최 형과 함께 돌아보며 "쾌활하니 반드시 오르겠다"라고 말했

---

* 속씨식물 목련목의 한 과.

다. 이런 때마다 애써 반야봉 산행 중지를 권했던 박 형의 노련함이 없어서는 아니 되었다.

　십수 리를 가는 동안 층암의 사이와 쌓인 눈 위에 통행한 흔적이 있었음을 보면서 무릎이 빠지는 눈 중에서도 한가히 담소하면서 지난다. 몇 시간을 가서 봉의 북쪽 기슭에 도달하니 사방에 길이 없고 쌓인 눈이 삼사 척에 달한다. 운무(雲霧) 중에 이미 동서를 구분하지 못하고 혼자 결단하여 말하기를 "이쪽은 북이라 운봉 지방이니 길을 잃을 수 있으니 불가하다." "서남으로 돌아 화엄을 향하리라." 서로 이끌어 오른쪽 기슭으로 돌아간다. 쌓인 눈이 엄청난데 인적이 끊어졌고 길 같은 흔적도 전혀 안 보인다. 한 발을 눈 속에 빠뜨리고 또 한 발을 다시 디딜 때에 두 발이 함께 빠지고 엎드려 손발을 함께 쓰니 기력이 쇠함이 걷잡을 수 없다. 천신만고를 겪으면서 비바람을 무릅쓰고 한동안 돌아갈 때 협곡을 건너고 험한 바위를 올라간다. 사람으로 험한 길의 어려움을 생각하게 한다. 다시 몇 리를 가도 수십 길의 돌벽이 치솟은 아래에 몇 개의 부도(浮屠)가 있고 십몇 평의 폐허가 된 옛 절이 있다. 높은 산에서 길을 잃은 사람이라 한층 황량한 마음이 들게 한다. 폐허의 아래에 예닐곱 걸음의 지점에 임시로 지은 집이 있으니 작업자가 잠시 머무르는 곳이다. 십수 보의 봉 아래에는 절벽이 운무 중에 솟았고 통로는 사방이 끊어졌다. 이곳은 묘향대다. "부지하처시인간(不知何處是人間)"[6]의 구절을 외우며 슬퍼하는 소리가 난다.

　산에 오르는 시기가 아니라는 주지의 말을 물리치고 눈 중에 반야봉에 올랐으니 이것은 모험인 것이냐? 모험을 위한 모험이 아니었고, 신령하고 멋진 경치에 거저 돌아가기 아까운 마음에서 나온 것이 그 동기이다. 당시의 정경은 확실히 조난이었다. 자못 위험한 생각까지 하였으니 사실 조난이라 할 것이다. 그러나 5천 척쯤의 높은 봉우리에서 운우풍설(雲雨風雪) 속에 방황하였기로 조난으로써 이름짓기는 너무 마음이 약한 것처럼 보이기에 이를 모험기로써 명명한 이유이다. 묘향대에서 길을 잃고 사방으로 산길을 찾는다. '부지하처시인간'을 슬퍼한 일행은 오히려 걱정함이 없이 사방으로 산길을 찾는다.

　의논하여 "골에 눈이 없으니 남쪽 바위인 증표요, 하물며 오늘 남풍이 불거늘 바람이 정면으로 오니 이를 따라 남하하면 구례의 화엄사일 것이다." 이렇게 암석 사이로 마른풀을 밟으며 내려간다. 그러나 곳곳에 눈이 쌓여 있고 절벽을 만나 내려갈 수 없고 혹은 쓰러진 나무가 종횡(縱橫)으로 걸쳐 있어 도저히 통행할 수 없다.

　눈 가운데 돌문 하나가 서있는 솟은 곳을 중심으로 무릇 세 번씩이나 하산을 강행했으나 번번이 절벽과 얽힌 나무에 막히고 세 번이나 돌문으로 되돌아왔다. 한 번의 절망 속에 석문까지 올라오는 동안에는 피로가 더욱 심해지고 석문을 빠져나가 오던 길인가 하고 찾아 연동 방면으로 돌아가려 하니 눈이 허리까지 묻혀서 험난하기 짝이 없다.

　일행 중에 최창순 씨는 강인하고 용감함이 제일이다. 큰 소리를 질러 위험을 알리고 산막(山幕)을 찾아 쉬자고 제안한다. 아픈 다리를 끌고 다시 산막에 찾아 들어갔다. 긴 나무를 걸쳐 지은 집에 한 칸의 온돌이 있고 지붕도 긴 나무를 잘라 덮어 놓았다. 비록 황량하기 그지없으나 족히 비바람을 피할 수 있었다. 방안에 한 개의 사기등이 있고 철냄비가 있고 짚깔개 뜯어 만든 창호가 있다. 마치 호랑이 이야기에 나오는 장면과 같이 처량 가득한 정을 일으킨다.

　아궁이에 불을 피우고 산막 밖으로 나가 나무 부스러기를 운반한다. 목공이 일시 머물렀던 곳이다. 이러한 연료는 비 가운데도 풍족하다. 최 형은 큰 소리를 질러 위험을 알렸다. 산 위에 구름과 안개가 깊고 비바람이 매우 심한데 통로가 안보이니 쌓인 눈 때문이다. 적설이 심한 곳에 위험을 헤아릴 수 없으니 지쳐서 눈 가운데에 빠지면 마침내 큰 난리가 있을 것이다. 여기가 거의 꼭대기요 연료가 풍족하니 산 안에서 비바람을 피하며 불을 놓아 구원을 부르짖으면 밤불이 멀리에서 보이고 밤소리가 멀리까지 들릴 것이니 수십 리 부근에 비록 인가가 없더라도 반드시 구조대가 올 것이다. 사흘간 식사를 끊는 것이 오히려 위험이 없을 것이다.

산막에서 버티는 것도 옳을 것이다. 만일 마음이 초조해지면 후회가 매우 심할 것이기에 불안한 분위기가 감돌았다. 불을 쪼이며 추위를 쫓고 다시 세 가지 대책을 말한다. 제1은 산막에 머물러 운무가 걷힐 때까지 있어 뜻한 바대로 되지 않으니 구원을 기다리는 것이다. 제2는 옛길을 찾아 연동 방면으로 돌아가는 것이고 제3은 세찬 물길 따라 계곡을 내려가 절벽을 만나거나 인가를 만나거나 둘 중에 인가를 만나기를 기대함이다. 중간에 어찌할 수 없는 절벽을 만날 것을 예상한다고 보면 이도 몹시 위험한 짓이다. 결국 세 번째 방책을 단행키로 한다.

산막을 떠난다. 박 형이 부스러기 나무조각을 아궁이에 넣고 불기운을 따뜻하게 하며 "낭떠러지가 있어 하산이 절망의 상황이 되면 다시 이 불의 도움을 받겠지"라고 말했다. 나는 옷가지와 이불을 정리한 후 성냥갑을 안전하게 넣고 지인의 서신은 봄옷 안에 봉하여 습기를 막고 기념 채취한 것을 주머니에 구겨 넣고 걸음걸음 계곡을 따라 내려간다. 때는 오후 3시 30분이었다. 최 형은 일행의 가방을 짊어지고 겉옷까지 걷고 짧은 지팡이에 가벼운 차림으로 선두에 서서 보급품 지원과 함께 앞에서 길을 개척하는 임무를 겸해 그 소리가 억세다. 산속에 얽힌 나무가 엇갈려 있고 암벽이 매우 가파르기에 꽤 주저했다. 일이 이미 여기에 이르니 일행은 모두 결심이 굳었다. 가지를 쥐어 매달리다가 부러진 나무를 만나 눈에 빠졌다. 바위를 짚다가 엎어지고 미끄러져서 주저앉고 회초리가 눈을 후리고 튀어 오른 가지가 볼을 튕겼다. 넘어져 무릎이 쓰린데 썩은 잎이 쏟아져 눈이 아리고 가시나무가 손목을 할퀴고 바위를 디디다가 빠지니 위험하고 고생스러움이 이루 다 말로 표현할 수 없다.

곳곳의 암벽이 층을 지어 넘치는 물이 세찬 폭포를 이루어 쏟아지는 소리에 산이 울고 오른편에 깎아지른 낭떠러지가 특히 심했다. 왼편의 가파른 산비탈에는 수목이 하늘로 솟구쳐 있어 다만 십수 걸음만 앞서도 형체와 그림자를 찾을 길이 없다. 암벽이 위태로워 한 길 넘는 곳을 만나 비록 용맹한 사람이라도 내려갈 수 없다. 일행이 한 데 모여 힘을 합해 바위 위의 명아주 나무를 휘어놓고 이어서 한 사람씩 매달려서 원숭이처럼 폭포 옆에 떨어진다. 마치 한니발이 알프스 넘을 때의 곤란함을 상상하게 한다. 이리하고 또 얼마를 내려가는 중에 최 형은 옷상자를 진 채로 한 길 남짓의 절벽으로 미끄러져 그만 깊은 물에 떨어진다. 맑은 물에 떨어진 최 형은 급히 나와서 의연히 힘차게 앞으로 간다. 나는 명아주 지팡이를 굳게 잡고 양화를 신은 채로 쫓아 내려간다.

평야에서는 명아주 지팡이라고 하는 것이 한해살이풀로 명아주대라고 한다. 이제 이 명아주는 푸른 껍질이 미끄럽고 나무의 성질이 매우 질기며 잎이 느티나무 잎과 비슷하여 청려목(青黎木)이라 하나 그 속명을 확정하지 못했다.

아흔아홉 폭로라는 말이 있거니와 묘향대(妙香臺)로부터 쏟아지는 폭포가 3~4척부터 10척까지 수십 리에 내려 떨어지는 것이 그 숫자를 기억할 수 없다. 다만 양쪽 기슭이 너무 다닥다닥 붙어 있고 겹친 산봉우리가 사방에 에워싸서 수십 리 걸쳐 하늘이 만든 감옥을 이루었으니 물과 돌이 비록 웅장하고 화려하나 구경하고 즐기기에는 부적당한 곳이다.

내려간 지 거의 수십 리에 돌 대들보 하나가 사람이 만든 것과 같이 수십 칸 이어지니 마치 네 마리 용이 몰래 다니는 것과 같다. 알고 보니 이곳 이름은 사곡(蛇谷)이다. 지명이 곧 지형을 말함이다. 절벽을 디뎌 내려가다가 오래된 나무의 큰 등걸에 핀 늙은 버섯을 보니 보통의 느타리와 같은 것이지만 수 년을 묵어 자못 진기한 품격을 가지고 있어 이를 따서 오른손에 들었다. 절벽을 만날 때마다 먼저 깊은 물에 던지고 절벽을 내려와서는 건져 들고 오니 이렇게 굳어진 버릇이 심상치 않았다.

남원

영호남기행 1

| 남 | 원 |

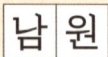

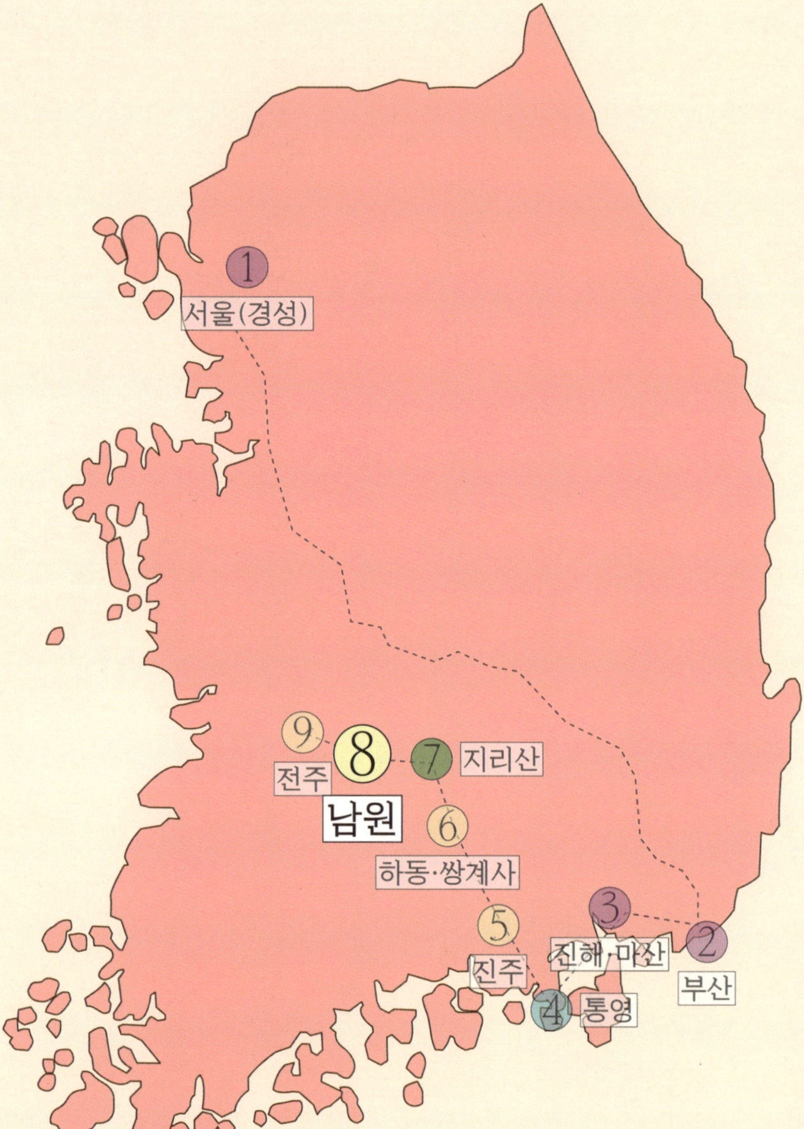

① 서울(경성)

⑨ 전주
⑧
⑦ 지리산
남원
⑥
하동·쌍계사
⑤ 진주
③ 진해·마산
④ 통영
② 부산

한마음으로 힘차게 가기를 멈추지 않았다. 얼마가 지나자 비로소 한 마리 물새가 물길을 쫓아 올라옴을 보았다. 일행이 모두 반가워 하니 높은 봉에서 떠나 멀어졌다는 뜻이었기 때문이다. 또 얼마 지나지 않아 가끔 까마귀와 까치 우는 소리가 들려왔고 더 가다 보니 풀로 만든 작은 집을 시냇가에서 만나니 통행자가 있었음을 기뻐하였다. 이곳에서 처음으로 작은 지름길을 찾아서 시냇물을 좌우로 건너가며 안심한 마음으로 전진한다.

이윽고 양쪽 계곡물이 좌우로 합하여 골짜기가 자못 크므로 사방에 인가가 있는지 찾는다. 암석 위에 앉아 주머니를 더듬으니 종이로 싼 뭉치가 있는데, 해태포*가 감잎처럼 되었다. 이것을 세 명이 나누니 쓴웃음을 금하지 못하겠다. 바위 아래 쌓여 있는 마른 낙엽을 모아 불을 피워 추위를 막고자 하나 6~7개의 성냥을 다 붙여도 습기 때

---

* 마른 김.

문에 다 꺼진다. 하늘을 바라보니 석양이 이미 고개를 넘어 가고 있고, 깊은 골짜기 속에는 비바람 때문에 더욱 컴컴하다. 이어지는 봉우리를 보니 절망의 기색을 일으키게 한다. 이윽고 숲이 엉성한 사이로 산비탈의 위에 서너 개 밭을 보았다. 동행자들이 "밭이 있어요"라고 환호하며 말했다. 급히 더 걸어가서 초가집에 다가서니 사람의 소리가 없다. 여러 번 소리쳐 부르니 안에서 사람이 나와서 이유를 묻는다. 사방을 돌아보니 마을이 전혀 없고 깊은 산속에 오직 이 한 집이 있을 뿐이다. 반야봉을 등반하다가 길 잃은 이야기를 하니 계속 놀라면서 방 안으로 인도한다.

　이곳은 남원군 산내면 뱀사골이라 하니 즉 사사동(蛇死洞)이다. 주인은 김 모 씨로 공주 사람인데 이곳에 와서 목공일을 한다. 방 안에 들어가니 천장까지 4~5척이고 지붕에 흙이 없으며 바닥에 망석을 깔고 좌우에 목재를 쌓았다. 마포(麻布) 옷감을 짜는 길쌈을 부업으로 한다. 젖은 옷을 벗고 누워 피로한 몸을 쉰다. 목마름이 심한데 곧 밥을 내어온다. 3인이 잔뜩 먹으니 잠깐 사이에 다 먹었고 소금에 절인 야채나 고추장을 청했는데 웃으며 없다고 이야기한다. 계속 감사의 인사를 하며 휴대품을 등에 지고 다시 고개의 험준한 길을 걸어서 와운리(臥雲里)를 찾아간다.

　와운리에 도착하여 한 주점에 투숙하니 사람들이 모여서 우리 일행이 겪은 모험에 대해 듣고 경탄한다. 와운리로부터 묘향대까지 사십 리이니 평야로 따지면 수십 리를 간 것이다. 비록 이곳의 주민이라도 쉽게 통행하지 않는 험지(險地)라고 극구 칭찬한다. 두 사람이 막걸리를 가득 부어 모험을 축하하므로 이에 한 잔 유쾌하게 술을 마셨다. 반야봉이 지리산 제1봉으로 천하에 뛰어난 경치를 자랑하고 영호남 가까운 곳에 펼쳐진 수백 리의 산과 바다를 한눈에 바라볼 수 있다. 묘향대는 반야봉의 바로 아래에 있기에 반야봉에서 보는 조망과 거의 비슷하다.

이날 비바람이 하늘에 가득하고 안개가 사방에 깔렸는데 수많은, 그리고 갖가지 고통을 겪고 드디어 사람 사는 집에 찾아들게 되었다. 예전 병진의 봄(1916년)에 강화군 전등사에서 마니산(摩尼山)의 참성단(塹星壇)에 오를 때 비바람에 어지럽고 안개로 흐릿하여 그때 겪은 일행의 고통이 견줄 데가 없었더니 오늘 반야봉행도 이 비바람 때문에 실패하니, 내가 용이 아니기로서니 비바람이 어찌 따르겠는가? 쓴웃음을 짓지 않을 수 없다. 구름 낀 봉우리에 올라 일생의 장관을 다 보았으니 덧없는 인생에 쉽게 바랄 수 없는 일인 것을 한탄할 뿐이다.

밥을 먹은 후에 몸을 살펴보니 두 손에는 무수한 찰과상이 있고 왼쪽 무릎에는 타박상, 오른쪽 무릎에는 멍이 들고, 위아래 옷은 대부분이 더러웠다.

이날 와운리에 도착한 것은 오후 8시였다. 와운리 촌 가게에 모인 이웃 사람들에게 산촌 생활이 어렵다는 이야기를 들었다. 모든 산림이 대학연습림으로 편입된 후 이것이 생활에 더욱 위협이 되고 있다는 사정을 듣는 중 목침을 베고 누우니 몸은 이내 깊이 잠들었다. 집이 두 시내 중간에 있어서 옆으로 다리가 있고 시원한 물소리가 새벽꿈을 깨게 한다. 아침밥을 먹은 후에 화엄사행을 단념하고 구례(求禮), 순천을 거쳐 광주를 시찰하기로 한 것도 다 그만두기로 했다. 남원과 전주(全州)를 들렀다가 경성으로 직행하기로 하고 실상사(實相寺)를 거쳐 운봉읍으로 향하기로 한다. 이곳이 옛날에 말하는 그 운봉이고 인월역(引月驛)에서 황산대첩의 큰 전쟁터를 보는 것이 또한 흥미 깊은 일인 까닭이다.

  오전 9시에 떠난다. 쌍계사로부터 반야봉까지 줄곧 올라가고 또 올라가는 길이더니 반야봉부터는 내려가고 또 내려가는 길이다. 사동(蛇洞)에서 내려오는 시내 물을 따라 금포정(錦袍亭)의 촌락을 지나 송대사(松臺寺)의 폐허에 오니 승려의 사리를 안치한 탑 서너 개가 있고, 돌비석 한 개가 있다.

  옛적에 송대사가 한참 흥할 때에 절의 승려가 수십 명이었다. 매년 섣달그믐이면 나이 든 늙은 승려가 한 사람씩 신선이 되어 그 뒤의 모습을 모르니 사람들은 그들이 모두 우화등선(羽化登仙)*하는 것이라고 믿었다. 이때 암행어사가 이 일을 듣고 부근 땅의 형세를 살피니 사동의 한 바위 동굴이 깊은 것을 보고 비단옷을 지어 속에 독약인 웅

---

* 신선이 되어 하늘로 올라감.

황(雄黃)을 감추고 늙은 승려에게 입혀 신선이 되기를 권했다. 며칠 후에 뱀과 용이 바위 위에 죽은 것을 발견했다. 사사동과 금포정의 지명이 모두 여기에서 비롯되었다고 한다. 이러한 설화는 강원도 인제군에도 있어 신선동(神仙洞)이 사동으로 변경되었다는 이유와 같다.

길을 떠난 지 십 리쯤에 시골 가게에서 쉬고 박 형은 짚신을 산다. 5~6명의 촌객이 모여 앉아 주모와 상대하여 술을 마신다. 남국 봄색이 한참이니 이 사람들은 계곡의 봄 흥취를 즐김인 듯 일행은 칠불암을 이야기하고 화엄사 길을 묻고 실상사까지의 거리를 묻는다. 좌중의 한 사람이 술에 취한 김에 흥에 겨워 물어 말하기를 "덕이 높은 승려들이 모두 마누라를 얻어 멋있게 살림하면 어떠한가?" 했다. 이에 답하기를 "우리는 믿음이 근엄하니 그리하면 쫓겨나게 되지요?" 술 취한 이가 말하기를 "쫓겨나면 어때요?" 하니 다시 말하기를 "만일 쫓겨나게 되면 밥을 먹을 수 없으리니 어찌하겠는가." 술 취한 사람이 더욱 함부로 말하며 크게 소리쳐 말한다. "여자를 얻으면 이제 허다한 재미가 있는데 어찌 밥맛에 견줄까?" 하니 일행이 하늘을 쳐다보며 크게 웃으며 떠난다.

긴 계곡을 끼고 내려가니 산악이 꽤 수려하고 골짜기가 넓으며 돌들이 매우 아름답다. 소동폭포(蘇東瀑布)라고 암벽에 글자가 새겨져 있는 입석리 부근에는 아름다운 풍광이 자못 뛰어나다. 이 물이 동북으로 흘러 함양과 산청을 거쳐 진주 남강으로 들어가니, 만일 촉석루 물가에서 기다리는 마음에 둔 사람이 있다면 한 편의 서신을 이 푸른 물결에 부치면 될 것이다. 쓸쓸한 행색이 다만 피로를 더할 뿐이다.

배꽃, 복숭아꽃이 곳곳에 피어 있고 돌담 안에서 베틀 소리가 들려온다. 초동에게 길을 묻고 평평하고 넓은 들판을 가로질러 긴 숲이 연한 녹색으로 휘돌아 두른 곳에 누각이 가지런하게 배치된 실상사를 찾아 들어간다.

"물 얼러 비싸게 사먹고오."

고로쇠물을 비싼 값에 사 먹었다는 말이다.

"비가 또 오면 으짤 거라우."

어제 비를 생각하면서 걱정하는 것이다.

일행 몇 명과 향토의 부녀자들이 실상사를 떠나면서 응수하는 말소리다. 운봉 일대는 영남과 접경이어서 호남의 사투리가 적으나 이 일행은 좀 멀리 온 듯하다.

작은 방에 누워 잠깐 쉬고 책상을 빌려 원고를 쓴다. 첩첩산중에서 길을 잃은 사람이 되었다가 이 평탄하고 안정된 곳에서 다시 책상을 마주하니 마음에 품은 생각의 깨끗함이 비길 데가 없다. 약사전 앞뜰에서 수십 명의 부녀들이 시끄럽게 떠드니 중간에 젊고 예쁜 여성도 있다. "가면은 가고, 오면은 오지." 하는 호남류의 타령이 여성의 목소리로 나와 그 억양의 경쾌함과 선율의 섬세함이 외지인이 따라서 하는 것을 허락하지 아니할 바이다. 호남

풍류에 호탕한 사람들이 기생과 풍류를 즐기는 것으로 서둘러 판단했다.

우연히 보니 일행이 전부 부녀이고 대부분 교양 있는 집안 여성이거늘 시적 정취가 우러난 여자가 자기 흥에 겨워하고 있다. 가곡에 맞춰 춤을 추는데 동작이 매우 법도에 맞으니 쌍계사에서 듣던 느린 늙은 여자의 가곡과 대비해 보니 지방 풍속을 짐작할 것이다. 옛날 백제 사람이 매년 4월에 모여 가무(歌舞)하여 하늘에 예를 표하였다 하니 오히려 그 남은 풍속을 볼 것이다.

점심을 먹은 후에 실상사 승려의 안내로 사방을 돌아본다. 보광전(寶光殿), 약사전(藥師殿)이 중요한 건물이다. 약사전 내에는 약사여래의 철상이 있으니 신라 흥덕왕 3년(828년)에 제작된 것으로 수법이 매우 정교·치밀할 뿐만 아니라 규모도 웅장하다. 비전문인이 옛 예술을 말할 수는 없으나 귀중한 국보라 할 것이다. 높이가 사 척 오 촌이고 그 무게가 삼천 근이라 한다. 본사가 신라 법흥왕 3년(516년)에 창건되었으니 지금까지 1411년이 지났다. 중간 고려 말에 약 200년 간 폐사(廢寺)가 되었었는데 철로 만든 불상[鐵佛]이 황무지에 있는 것을 보고 농부가 그 오른쪽 팔을 꺾어 기구를 만들었다. 그래서 불상의 왼쪽 팔이 좀 완전하고 오른쪽 팔은 팔꿈치 이하가 없어졌다.

보광전 앞뜰에는 6층 탑이 있으니 홍척국사(洪陟國師)가 실상사를 개창한 기념물로 지금까지 보전되었다. 검붉은

구리로 만든 향로가 있어 조선 초기의 제작으로 자못 정교하고 뛰어난 작품이다. 절 앞에는 수철국사(秀澈國師)의 비석을 만들기 위한 공사가 한창이다. 홍도화, 배롱나무가 산다화와 어울려 피었다. 반야봉의 눈 가운데에 있었는데 다시 짙은 봄색을 바라보고 있다.

 옛날에 오계찰(吳季札)[1]이라는 사람이 가곡을 듣고 나라의 풍속을 분별하고 그 흥망을 점쳤다. 현대의 여행객들이 여러 나라의 노래와 연극(演劇)으로 그 나라의 풍속을 판단하는 것은 거의 정해진 규칙이 되었다. 봄색이 짙은 실상사 앞뜰에서 아름다움을 노래하는 여성들을 뒤로 두고 황산(荒山)을 향하여 떠난다. 흥미 깊은 일이다.

 때는 오후 2시경 평야를 지나 벌써 4~5리를 갔다. 넓은 계곡 옆으로 크고 누런 소나무가 우거진 곳에 촌락이 자못 넉넉하고 풍성하다. 돌아보니 실상사의 뒤 삼정산(三丁山)의 중턱에는 뜬구름이 흰 목련과 같이 비스듬히 떠 있어 아름답기 그지없다. 가파른 언덕의 옆으로 도로가 나 있는데 석축의 높이가 때로 6~7척 이상에 달하니 사람의 노동력을 많이 썼다는 것을 알겠다. 신작로를 만들 때 군수, 참사관, 면장, 주재소장 등이 세운 공훈을 알리기 위해 길가 암벽에 기공문을 새겼다. "한 장수의 공훈 뒤에는 수많은 병사의 죽음이 있다"라는 의미를 여기에서도 찾을 수 있다.

 길을 더 가서 모정에 앉으니 옆에 복숭아꽃이 있고 대나무 창밖에는 주모가 봄나물을 다듬는다. 경기 읍촌에서 모정을 가리키는 말이 있지만 '외따로 떨어져 있는 정자'로 말할 뿐이요, 모정은 없다. 영호남 각지에 반드시 모정이 있으니 보통의 푸른 띠가 아니고 속어에 '달'이라 하는 것으로 정했다. 중부 조선에도 대나무 창문(竹窓)이 희귀하고, 북부 조선에는 아무리 사치를 좋아하는 자라도 별로 죽창이 없다. 오직 영호남 각지에만 죽창이 아니면 창문이 없으니 이것은 지방의 산물을 이용함이고 그것이 곧 지방의 풍속을 만든 것이다.

내가 예전에 중국 지난(濟南)에서 자고 아침에 황하(黃河)를 건너 위청(禹城)의 평야에서 산둥성(山東省)의 대평원을 지나간 적이 있었다. 수십 리를 가서 한들거리는 버드나무가 무지개와 같이 강 위의 철교와 함께 멀리 지평선 위에 이어진 것을 돌아보니 소위 물가의 나무와 강의 구름이 이별의 정을 자아내는 것은 이러한 지방에서 있는 일을 말함이다. 어지러이 솟은 산과 긴 계곡이 항상 눈 앞을 가리는 것이 많은 조선에서는 이러한 경우가 많지 않다.

인월역에 잠깐 들러 시가를 살펴보니 마침 장날이었지만 해가 진 뒤라 매우 한적하다. 시내 가까운 평야에 좋은 교역의 장소를 만들었다. 호구가 4~5백을 넘는다. 그 길로 곧 가서 어스름이 짙은 속에 왼편으로 황산의 빼어난 봉을 쳐다보며 화수교의 철철 흐르는 물소리를 왼편에서 들으며 들어가니 이 촌락은 화수리(花水里)이다.

이곳이 황산대첩의 전쟁터요, 이 씨의 화수비가 있으

므로 이런 이름이 생겼다. 작은 아이가 안내하는 대로 한 가게에 들어가서 저녁밥을 먹고 잠시 원고를 쓴다. 특별한 우대로 젊은 아낙네의 침실을 얻었다. "더 나은 방이 없습니까?" 하고 물었는데 벽 하나를 사이에 두고 늙은이가 불쾌하다고 혼자 퉁명을 부리는 것이 매우 우스웠다.

아침밥을 먹고 떠나기로 약속했기에 새벽 1시경부터 아낙네가 밥을 짓고 밤을 새면서 죽창을 두드리며 "호랑이가 울어서 이런가 봅니다"라고 말했다. 짐승의 성난 소리를 듣고자 창밖으로 나가는 지인이 있었다. 들어보니 성난 짐승 소리가 아니요, 암수 노루가 북쪽산 계곡에서 서로 맞추며 우는 것이었다. 떨어져서 듣는 소리가 학의 울음을 듣는 것과 같았다. 다시 한참 자고 6시에 아침 식사를 한 후 7시에 떠난다. 안내자를 얻어 황산대첩이 벌어졌던 장소를 보기 위해 운봉성으로 가고자 함이다.

화수 지역 평야의 넓기는 8~9리이다. 중간에 시냇물이 있는데 황산의 바로 아래부터 인월역을 향하여 남쪽으로 흐르고, 황산 일대의 산악이 동북으로 가로막고 있고, 팔량치(八良峙)의 험한 지세가 동쪽은 비었으며 중간에 평평하고 넓은 땅이 펼쳐져 있다. 마을 뒤에는 오히려 평지의 강이 남북으로 흐르고 있으니 타고난 좋은 전쟁터였다.

당시의 왜구가 함양에서부터 팔량치를 넘어 남원산성을 치고 물러나 운봉에 불을 지른 후 인월역에 머물러 기세가 걷잡을 수 없이 퍼져나갔다. 태조 이성계, 변안열 등이 함께 남하하여 황산의 서북 기슭 정봉에 올라 적의 세력을 살피고 험한 곳에 들어가 적을 꾀었다. 적이 말과 창을 가지고 갑자기 나타나 힘들게 여러 번 싸우다가 마침내 참패했다. 오직 60~70명이 살아남았다 하니 황산의 '큰 승리[大捷]'는 곧 이를 말하는 것이다. 세상에 전해오는 이야기에 인근 군 일대의 암석을 황산으로 몰고 들어간 형상이다. 화수교 아래에 있는 계곡 암석 위에는 지금도 뚜렷한 핏자국이 있어 당시 적군이 참패한 자취를 드러내고 있다.

고려 말에 왜구가 매우 심하게 근심했을 것이다. 전라도와 양광도의 바닷가 주둔군이 쓸쓸하고 텅 비었다는 내용을 보더라도 왜구의 사정을 알 수 있을 것이다. 최영(崔瑩) 장군의 뛰어난 용맹으로도 개경(開京) 부근 땅의 동서 두 강 사이에서 오히려 어렵게 싸운 적이 있다. 그다음 태조 이성계가 왜구를 여러 번 정벌했다. 해주(海州)와 함주(咸州)에서의 격파가 유명하다. 그리고 황산대첩에서 가장 치명적인 타격을 주어 왜구가 침입하는 것이 끊어졌다.

태조의 위세와 명망은 이로써 더욱 높아져 왕조를 개창할 수 있었던 것은 대부분이 여기에서 비롯되었다. 한양 조선의 최후는 지금 모든 조선사의 최후이다. 왜구를 대파했지만, 임진의 난에 우리가 크게 당했었고 현대에 와서의 억압이 또한 일본으로 하여금 우리를 쫓아오게 만든 것이니 우리들이 결론을 내릴 때 말이 없을 뿐이다.

화수리 뒷산 언덕에는 황산대첩비와 사적비가 있다. 아래에 있는 거북이 모양의 받침대[龜質]와 위에 얹은 용 모양의 돌[龍頭]을 만든 수법은 비록 거친 듯 하나 높이가 한 길 남짓 넘어 상당히 웅대한 맛이 있다. 위풍당당한 무력으로 온 바다를 버드나무 다루듯 하고 지혜와 영광이 하늘까지 미쳤다. 이는 광개토대왕의 비문이 고구려인의 웅대한 기백을 구현하여 지금도 중국 통구(洞溝) 지역 무성한 평원에 우뚝 솟아 있으니 이는 금석문(金石文)에 남겨둔 조선 최대의 빛나는 영광이다. 황산대첩비가 고려시대 때 우리가 일본 무장 아지발도(阿只拔都)[2]를 쏘아죽인 기록을 바탕으로 조선 발상의 한편을 구성하였으나 지금은 이 씨 일가에 의하여 비각을 수리하는 것에만 급급하다. 어휘암(御諱岩)에는 '이단(李旦)'[3]이라는 글자 모양이 선명하나 글씨의 개성이 졸렬하게 보인다. 어휘암이 있는 화수강의 서남쪽 몇 리 지점에는 합미성(合米城)의 옛터가 있으니 대첩 당시의 진영(陣營)이었다. 부근에 이러한 고적이 많다.

화수리 일대는 비록 평야이지만 해발이 매우 높아 바람의 기운이 상당히 차갑고 거친 풀이 가득하다. 평원을 걸어가는데 당시 쌀쌀하고 매서운 기운이 느껴지는 것 같다. 여기서부터 운봉성이 십 리라고 하니 꽤 가깝고 탄탄한 큰길이다.

와운리에서 베로 만든 두건을 쓴 사람을 보고 상을 당한 사람인가 생각했더니 저렇게 포건(布巾)을 쓰는 것이 한 풍속이다. 의주(義州)와 용천(龍川) 국경 지방에도 이 풍속이 있는데 남조선에서는 드문 일이다. 도중에서 부녀자를 만나면 멀리 회피하고 길을 물으면 암벽을 향해 대답하지 아니하니 순박하고 예스러운 풍속이지만 자연스럽지는 않다.

운봉성에 들어가니 사방의 산이 그리 높아 보이지 않는다. 원래가 해발 2천 척에 가까운 대지라 바람의 차가움이 화수리 부근보다 심하다. 청주의 상당산성(上黨山城)과 함경남도 안변(安邊)의 신고산(新高山)이 운봉고원 두 군의 읍치*와 마찬가지로 모두 높은 지대에 있는 시가지였다. 지금은 상당수가 거의 폐허가 되었고 운봉도 일개 면이 되었다. 지명을 생각하고 지형을 보면 고대에 이 지역의 이름을 지은 사람의 뜻을 알겠다. 시가가 비록 고요하고 쓸쓸하나 오히려 편안하고 사람들의 피부색이 모두 하얀 자가 많으니 기후의 영향을 받았기 때문이다. 남원행 자동차가 있으나 출발 시간이 남아 시가를 살펴본 후 객점(客店)에서 쉰다.

갑오년(1894년) 동학운동 사적비를 본다. 동학운동 당시 유명한 박문달(朴文達)의 승전비다. 박문달은 박봉양(朴鳳陽)이란 이름으로도 부른다. 동학운동이 한창 치열할 때 김개남(金開南)이 거느린 동학군이 방아치(防峨峙)와 여원치(女園峙)에서 운봉을 넘고자 하였다. 박문달이 무리와 함께 의군(義軍)을 일으켜 부서(部署)를 정리하고 방어전을 한 지 수일 만에

---

*   고을 수령이 일을 보는 관아가 있는 곳.

험한 길로 오는 동학군을 맞받아쳐 독특한 방법으로 여러 번 물리쳤다. 덕분에 이 일대는 안온함을 얻었다고 한다.

운봉이 비록 산간벽지 작은 읍이지만 영호남에서는 동쪽으로 함양에 통하고 다시 남북 교통의 요충이 되었으니 옛날 임진의 역에도 권율 이외 장수들이 항상 머물렀던 곳이다. 운봉 영장(令長)이 남원부사 변학도의 생일잔치에 참석해 이몽룡을 위하여 식사를 차리는 노고를 다하였다는 내용이 춘향극에 소개되었다. 이 덕에 '영장'이라는 벼슬이 일반에 널리 알려졌다. 영장의 구 청사는 지금 면사무소와 우편소 등으로 이용된다.

동학운동이 현대 민중혁명의 첫 번째 전쟁인 것은 확실하다. 조선의 정치와 명령 체계가 어지러웠고, 백성의 원한과 분노는 참을 수 없는 지경이었다. 그 세력이 먼저 세금과 관련된 삼정(三政)의 적폐 때문에 폭발했다. '전정(田政)·군정(軍政)·환곡(還穀)'을 말하는 삼정은 가난하고 천한 백성들만 공정하지 못하게 침해를 받았기 때문이다. 철종 황제 13년 임술년(1862년)에 진주의 백성들이 반란을 처음 시작해 흰띠에 죽창을 들고 힘차게 떨쳐 일어나 익산(益山)·개령(開寧)·함평(咸平)·함흥(咸興) 등 여러 지역에서 이를 따라 봉기했다. 조정에서 삼정의 폐단을 없애는 관청[三政釐整廳]을 두어 시행 규칙을 정하니 난은 이에 진정되었다. 만일 프랑스가 일으킨 전쟁인 병인양요가 임금과 신하와 모든 백성이 각성을 했어야 했던 외환이라고 하면, 임술민란은 국내 정치에서의 평시와 다른 깊고 묘한 이치를 꿰뚫은 사건이다. 동학운동은 이미 그 도도한 큰 흐름을 드러낸 사건이었다. 그러나 임금과 신하와 모든 백성이 크게 깨달은 바가 없었고 많은 이가 피를 흘렸으나 헛되게 되었으니 가슴이 아프다.

그리고 박문달이 한 군의 하급관리로서 의연히 조정을 위하여 이 일대를 막았으니 조정의 입장으로 본다면 확실히 충성스럽고 어진 인물이었다. 그러나 당시 바삐 달아나던 관군의 우두머리들이 그의 공을 시기하여 죄를 물어 가두고 구하지 않았다. 수백 년 이래 망국의 못된 장난은 빠짐없이 일어났음을 알 것이다. 이제 박문달은 죽은 지 십수 년이다. 그 뒤의 자손은 거의 쇠락하여 남은 업적도 사라졌다고 한다. 순조 임신년(1812년)에 홍경래(洪景來)가 우군칙(禹君則)과 함께 관서(關西)에서 일어나니 청천강 북쪽에서 일시에 함께 호응해 일어났다. 관군이 공격전을 벌인 지 수 개월 만에 비로소 정주성(定州城)을 함락하였다. 이는 대부분이 정치적 불평에서 비롯된 사건이었다.

그러나 임술년(1862년)과 갑오년(1894년)에 벌어진 남도의 민란은 정치가 문란해서 백성의 생활을 힘으로 으르고 협박함 때문이었으니 매우 흥미 깊은 일이다. 운봉성에는 몇 개의 사회단체가 있으나 활기 있는 운동은 후일에 기대할 것이다.

오전 11시, 객점에서 나와 자동차를 달려 남원성으로

향한다. 얼마 지나서 서북으로 봉우리 밖에 나서니 남원의 산천이 발밑에 내려다 보였다. 비록 산에 나무와 풀이 없지만 바람의 기운이 매우 밝고 교룡산성(蛟龍山城)의 우뚝한 두 봉우리가 아담하게 보인다. 끝없이 굽은 길을 조심하여 가느라고 속력이 매우 더디다. 솔숲이 울창하던 산골짜기를 보다가 말쑥하게 땅거죽 벗은 산천을 대하니 매우 쓸쓸한 맛이 있다.

간 지 1시간 지나 문득 요천(蓼川)의 상류를 건너 동문을 거쳐 남원성에 들어간다. 평평한 넓은 들에 성벽이 둘러 있고 인가가 자못 빽빽하니 이곳이 남부지방의 큰 고을인 것을 수긍하겠다. 그러나 쓰러진 담, 무너진 지붕에 자빠진 비석이 길가에 묻혀 쓸쓸한 느낌을 주고 또 퇴락한 기분을 불러일으킨다. 50리쯤 되는 길이었는데도 두 시간 가깝게 걸려 오후 12시 반에 도착하니 군산여관이 정류소 앞집이라 투숙하기로 한다.

곧 본사 지국을 찾으니 지국장 박기영 씨는 여행 중이다. 이후로 영계 박권영(朴權永)* 씨가 와서 점심밥을 대접해 정성을 다한다. 식사 후에 최창순 씨와 시가를 돌아보기로 하니 박병두 씨는 이미 구경을 했고 또 피로가 심하므로 여관에서 쉬었다.

마침 장날이라 시장 상황을 본다. 땔감용 대나무, 대

---

* 박권영(朴權永, 1898~1967): 남원의 독립운동가. 1920년 상해임시정부 1주년을 기념하는 만세운동을 주도하다가 체포되어 안재홍과 함께 대구에서 옥고를 겪었다.

나무 그릇을 비롯하여 대나무 제품이 많은 것과 절인 생선, 미역, 말린 해초, 기타 해초류 등 수산물이 많은 것이 특색이다. 좁쌀 시장에 가보니 빈민들을 고객으로 두 되, 세 되 내지 다섯 되를 가지고 하는 흥정이 가장 많다. 우시장에 들어가니 수백 마리의 황소가 팔리기를 기다리는데 암소는 매우 적다. 일을 많이 하기도 황소이고, 도살장에 먼저 가기도 또 황소이니, 이는 수컷의 불행이라고 하겠다. 진남포(鎭南浦)의 솥 제조회사는 조선인이 경영하며 실적이 양호하다고 했던 것이 기억났고, 평안남도의 제품이 여기까지 온 것을 보니 과연 그렇구나 하고 수긍했다. 땔감용 대나무 같은 것은 누구나 사용하는 제품으로 일반 농가에서의 쓰임에 적당하다고 생각된다. 남원에서 이날 하루 동안 얼마나 거래되는지 그 금액을 알고자 했으나 자료가 없었다.

    남원의 특산물은 지리산 놋쇠밥그릇, 무명, 술 등이라 한다. 향토에서 나는 물품을 사랑하므로 자세히 보아도 보통의 점포에서는 찾을 수 없었다. 남문 밖으로는 일대의 과수원이 있어 배와 복숭아가 일반 과수와 섞여 있는데 모두 일본인이 경영하고 있다고 한다. 남원에 사는 사람은 1천여 호인데 일본인이 1백 호 미만이라 하며 포목상 같은 것은 중국인의 세력이 어느 정도 있는 듯하다. 통영에서도 중국인 포목상의 세력이 어느 정도 있던 것을 보았거니와 이러한 현상은 조선 곳곳에 있다.

옛날 행정기관 도호부(都護府) 청사로 사용됐던 이층의 누각에는 '대방고부(帶方古阜)'라고 쓴 현판이 있으니 까닭 모르는 옛사람의 장난이다. 맞은편으로 삼정 폐단을 구제하는 대책을 말하는 '삼정구폐기념비(三政舊弊紀念碑)'가 있으니 한양조 말년의 정치가 문란했음을 말함이다. 구 객사인 용성관(龍城館)은 짜임새가 자못 웅장하고 화려하니 큰 고을이던 모습이 남아 있다. 지금은 보통학교 건물로 이용되어 8백 명의 학동을 수용하고 있는데 자리가 부족하여 매년 입학난이 있다고 한다. 바깥 촌 지역에 8개 학교가 있으나 취학 아동이 드물어서 상당히 걱정이라 하니 최근 공황으로 인한 생활난이 얼마큼의 영향이 있는지 미루어 짐작할 수 있다.

옛집의 폐허를 지나 감옥 속 미인의 애끓는 슬픈 이야기를 생각하며 바쁜 걸음으로 광한루(廣寒樓)를 찾았다. 지금은 전주지방법원 남원지청의 청사로 쓰이고 있다. 돈과 명예에 집착하는 취미는 놀며 구경다니는 가난한 선비에게는 합당하지 않다.

옆으로 오작교(烏鵲橋)는 고색창연한 옛 건축의 붉은색 문으로 연못의 위에 걸쳐 있고 바닷속 세 개의 산에 대응한 듯이 세 개의 작은 섬을 모아 섬마다 수양버들을 심었다. 광한루 앞 가장 큰 섬에 있는 영주각(瀛洲閣) 건물이 맑고 깨끗하다.

당시의 재자가인(才子佳人)으로, 뜻이 맞은 남자와 다정한 여자 사이의 굳건하던 신뢰와 뜨거운 정감, 간절하던 연모와 한결같던 지조, 기구하고 파란만장한 운명 속에 시달려가면서도 속세의 죄악에 짓밟히지 않은 그 둘의 모습은 지금의 민중들에게 동정을 느끼게 한다. 성춘향과 이몽룡의 설화를 이곳에 와서 떠올리니 더욱 알맞고 적절한 느낌을 일으키게 한다.

춘향의 집터가 있느냐? 없다. 사당이 있느냐? 없다. 그러면 그 이야기는 있느냐? 그것도 없다. 춘향은 소설 속 여인으로 문인들의 마음과 머리가 만들어 냈을 뿐이고 이 땅에 이 여인은 없었다.

이몽룡이 아니거늘 춘향을 그리워하겠는가. 옛날에 이미 춘향이 없었거늘 오늘에 와서 춘향을 찾는다. 춘향이 현실 사람이 아닌 줄 단정하였거늘, 오호, 춘향이 공(空)하고 몽룡이 공(空)하고 옛사람이 공(空)하고 내 또한 공(空)하고 하늘과 땅, 강과 산이 모두 공(空)하였는가? 흘러가는 요천의 물이 쉼 없이 남쪽으로 계속 흘러가니 섬진강에 쌓이는 물결은 남해로 흘러가는가? 서풍이 불고 해가 지는데 교룡산성(蛟龍山城)을 왼쪽에 두고 걸어간다. 만인총(萬人塚)은 임진왜란 때 죽은 장수와 군사들의 충혼(忠魂)과 의로운 기백이 머문 곳이다.

임진·정유의 왜란이 조선 각지에 허다한 참화의 역사를 남겼다. 특히 그중 유명한 것으로는 영남의 '진주 함락전'과 호남의 '남원 함락전'이 으뜸이다. 진주의 함락이 계사년(1593년) 6월 29일이고, 남원의 함락은 정유년(1597년) 8월 16일이니 남원 함락전은 정유재란의 시기에 생긴 참화이다.

정유년(1597년) 8월, 우키타 히데이에[宇喜多 秀家]와 시마즈 요시히로[島津 義弘] 등이 5만 명의 큰 병력으로 운봉을 지나 남원으로 향하는 이 때에 이순신이 이미 나포되매 남해의 지킴이가 없어졌다. 적이 길고 크게 진을 쳐 모두 그 재난을 겪었으니 남원의 패배가 실로 여기에서 기인함이다.

1594년 갑오강화(甲午講和) 이후 을미년(1595년)과 병신년(1596년)을 지나 적군이 모두 철수해 돌아갔다가 정유년(1597년)에 다시 대거 쳐들어왔다. 이때 전쟁의 재앙을 받아 고을이 쓸쓸하고 국력이 이미 약해져 있었다. 하지만 조정에서 벼슬하는 신하들이 당파를 가르는 알력에만 몰두하고 국방을 지키는 일에 유의함이 없었다. 적군이 다시 큰 병력을 이끌고 오니 군사들이 바람을 따르듯 도망쳐 마을이 이 때문에 텅 비게 되었다. 지난 일을 돌이켜 생각해봤자 옛날로 돌아가지 못한다. 항상 참화의 자취를 방문할 때마다 스스로 감회의 새로움을 금할 수 없다.

그해 8월 초순에 사천, 남해, 초계, 함안의 모든 적이 점차 남원에 가까이 다가왔다. 패한 군사를 거느려 남원성으로 퇴각한 병사 이복남 등은 명나라 장수 양원(楊元)의 2천 명 병사와 함께 위태로운 방어전을 계속하였다. 원천(元川)에서 성수령(星宿嶺)으로 나아가 적의 세력을 보니 그 엄청남에 놀랄 만하였고 성 중 군민은 도망간 자가 많았다 하니 진주전 당시에 비해 오히려 사기가 낮았음을 알 수 있다.

　　12일부터 방암봉(訪嵓峰)에 오른 적군은 기세를 돋워 성을 공격하기 시작하니 격전이 계속된 지 나흘 만에 엄청난 참화가 연출되었다. 14일에 적의 세력이 더욱 치열하였고 16일 밤 이경(二更)*에 적군이 남서문으로 돌입하니 북문 내에 머물렀던 조선과 명나라 양군 5만1천여 명은 모두 전사하였으며 성 내외 관사가 전부 잿더미로 변했다 한다.

　　사납고 날쌔기가 뛰어났다는 양원은 50마리 말과 함께 탈주하고 병사 이복남, 접반사 정기원, 방어사 오응정, 조방장 김경로 등이 모두 의롭게 순국했고 명나라 장수 중에서도 전사한 자가 여럿 있었다. 진주의 참화 역사에 비해 매우 간략하게 보이지만 정유재란 때에 남원의 함락이 가장 유명한 난리이다.

　　우리가 붓으로 참화의 역사를 써도 끝이 없고 이 쌓이는 비통한 기억을 되풀이하고 싶지 않다. 그러나 감회 많은 남원성에 쓸쓸한 행색으로 부질없이 고개 위의 흰 구름을 보고 돌아서는 나의 가슴에는 어찌 무한한 슬픔이 없을 수 있겠는가? 남원성이 동남쪽으로 요천과 가깝게 있으니 물이 얕은 부분은 걸어서 건널 수 있었을 것이다. 또 삼면의 성벽이 평야에 있기에 성벽을 돌 수 있는 읍성식이다. 성 내부 북쪽에는 광활한 논밭이 있어 사람이 드물고, 성 바깥 북동서 삼면으로는 봉우리가 둘러서 있어서

---

* 하룻밤을 오경(五更)으로 나누었을 때 두 번째 부분. 밤 9시~11시.

성 내부의 형세를 물샐틈없이 볼 수 있다. 고립된 군사와 약한 병졸로 방어 전쟁을 한다는 것이 어려웠을 것이다.

올라가 성의 북쪽 아래에 이르니 버드나무 가지 옆에는 여덟 충신 사적비가 있고, 남쪽으로 수십 보를 걸으니 낮고 물이 있는 밭 중에 커다란 무덤이 있다. 당시 죽은 장수들의 공동 무덤이다. 매년 봄과 가을에 이곳 사람들이 제향을 지낸다 한다. 최 형과 함께 모자를 벗고 무덤 위에 올라 숙연히 말없이 한참 있다가 그대로 여관에 돌아왔다. 서문 밖에 무안공(武安工) 관우(關羽)의 사당이 있으니 최근에 수선해서 묘비가 있고 좁은 방에는 독서하는 공간이 있어 아동들이 높게 낭독하는 소리가 기이하게 들린다.

남원군을 대방(帶方)의 옛 땅이라 하는 자가 있다. 옛날 신라가 당나라 병사와 연대해 백제를 멸망시켰을 때 당나라 장수 유인궤(劉仁軌)가 대방주자사(帶方州刺史)라는 칭호로 여기에 머물렀던 까닭이다. 대방군이 낙랑의 남부에 있어 제현이 부속되었으니 한강 이북 임진강 일대로 추정한 것이 가장 가까운 바이고, 『요사(遼史)』나 『수서(隋書)』 등의 책에는 요동(遼東), 요서(遼西)의 지점이라고 말한 바 있다. 때때로 거짓으로 꾸미는 것에 근거할 수 없다. 정인지가 고려사를 저술하며 남원부를 대방군 같은 단어로 기록하는 바람에 허물을 끼치게 된 것이다. 대방이라는 옛 땅의 현판은 매우 참을 수 없는 것이다.

남원이 철도의 교차지로 장래가 매우 촉망되나 아직

그 실현을 보지 못하였다. 만일 전주, 광주, 진주, 상주 등 여러 지역과 교통이 연결된다 하면 괄목할 발전이 있을 것이다. 지금에는 시가 비록 조밀하나 쓸쓸한 기색을 벗지 못하였다. 각종의 사회단체가 있으나 바쁜 여정에 방문을 단념하고 여관에서 휴식하고 있다.

밤에 박권영 씨 자택에 같이 가서 한참 따스한 이야기를 한 후 친절한 마음에 감동하며 돌아왔다. 예전에 감옥에서 만났을 때 닭고기 죽을 먹기로 약속했었는데 오늘밤 그 약속을 이루는 아름다운 우정에 참 기뻐할 일이다. 박 씨는 요즘 양말 공장을 경영하는 중인데 매우 부지런하게 노력하는 것이 또 마음에 든든하였다. 피로한 몸으로 여관에 돌아와 누우니 쌍계사를 떠난 이후 처음으로 도시의 여관에서 편안한 잠을 얻었다.

26일 아침 8시 자동차편으로 전주를 향하여 떠나니 박 형과 최 형은 곡성을 지나 순천으로 향한다고 하니 여러 날 일정을 함께 한 끝에 여기서 헤어지게 된다. 박 씨와 권 씨가 하루를 더 묵으며 남원의 지인들과 만나기를 권했으나 경성을 떠난 지 여러 날에 돌아갈 길이 급하므로 곧 출발하기로 하고 두 분의 호의에 의해 그 아침 식사에 응하였다. 일행 세 사람이 여관을 떠나 여유 있게 다시 광한루에서 논다.

영주각 앞뜰 휘늘어진 녹음 아래를 거닐면서 잠깐 대화를 나누었다. 이별할 때의 슬픔은 이어지는 바가 있다.

작은 섬에서 다음 섬으로 둑을 통해 건너와서 고요한 물속에 잠긴 수양버들의 그림자를 보며 그대로 오작교로 나섰다. 자동차가 경적을 울려 타기를 재촉하므로 급한 걸음으로 올라탔다. 북문 거리 얼른 나와 향교 앞을 지나 전석 고개를 쉴 새 없이 넘어간다. 돌아보니 남원성의 시가는 향교재에 가리었고 교룡산의 쌍봉조차 문득 시선 밖으로 사라져 버린다.

"광한루야 잘 있거라, 오작교야 나는 간다" 하는 것이 가사의 일부인가 싶다. 남원성이 이 지역의 큰 고을이지마는 그것뿐만 아니라 정유재란의 참사가 있어 사람의 감회를 더욱 끄는 면이 있다. 광한루와 오작교의 풍경도 물론 아름다우며 이곳을 보금자리로 삼은 한 조각 사랑 이야기가 다시 모든 사람들의 입을 통해 퍼져나간다. 국민적 사랑 이야기와 미인의 슬픈 이야기가 서로 어우러져 무한한 정서를 지어내니 이것이 남원성을 감회의 고향이라고 부를 수 있는 이유이다.

옛날 나당 전쟁 시 당나라 장수 유인궤가 신라 칠중성(七重城)을 함락시킨 비극을 생각해 보았다. 5천의 장수와 병사가 싸움터에서 죽은 참화를 돌아보아도 조금의 씩씩함이 없기에 함께 의로운 마음을 말할 수 없다. 이몽룡과 성춘향이 서로 함께한 만남을 듣는다고 해도 아무런 감흥이 없다면 함께 정을 말할 수 없는 것과 같다.

개가 범에게 물려갈 때 비명소리는 처연한 동정을 일

으키지만 쥐가 고양이에게 먹힐 때 그 소리에 오히려 쾌감을 느끼는 사람이 있다. 증오의 정이 공평하지 않기 때문이다. 그러나 사슴이 사자 소리에 떨고 꿩이 독수리의 발톱에 죽으며 개구리가 뱀의 입에 녹고 벌레가 꾀꼬리의 주둥이에 으스러지고 곤쟁이가 상어의 목구멍에서 장사 지내고 진딧물이 개미의 어금니에 스러지니, 평화로 꾸며져 있는 자연계를 살펴본다면 그 시끄럽고 어수선한 참화를 탄식하지 않을 수 있겠는가?

영국이 인도와 이집트에 시달리고 프랑스가 리푸[4] 사람을 무찌르고 이탈리아가 키레나이카[5] 사람을 잡고 미국이 흑인을 불법적인 폭력으로 학대하니 마찬가지로 인간 세상의 실태를 살펴보면 무한한 분노가 없겠는가?

고아가 양아버지에게 매를 맞고 소녀가 악당에게 팔리고 양민이 무장을 한 자에게 넘어지고 굶주린 사람이 비단옷 입은 이에게 쥐여지내고 무수한 군중이 광야에서 침략받아 포악한 일을 당하고 연약한 여성은 높은 누각과 넓은 집 속에서 유린되니, 어수선한 사회상이 두 눈에 비칠 때에 그 원통한 마음에 차이가 있겠는가?

쇠락한 세상에서의 어진 사람이 으슥한 골목에서 썩어 가고 선구자가 황야에서 울고 망국의 반역아가 가시덤불 속에서 거꾸러지고 세력을 잃은 영웅이 경험 없는 자의 손에서 억울함을 견디고 뜻있는 선비와 영리한 사람들도 심혈을 기울이는 필생의 분투가 하루의 뜻을 얻는 것도 바랄 수 없이 무궁한 한을 품어 참패의 구렁에 넘어짐을 생각해 본다.

　사랑 이야기 중 하나인 기녀의 설화를 보았다고 비참하게 살았던 수많은 반항아들을 조문하지 아니 할 수 없으니 오작교 물가에서 두세 번 방황하지 않을 수 없었다. 춘향 사당을 세우지 않은 것은 남원 사람들의 감정과 관련한 생활이 빈약함을 나타내는 일종의 그림자이다.

　전석고개 일대에는 흙가죽을 벗은 산의 모양이 매우 쓸쓸하다. 흙이 흘러내려 계곡과 하천 위가 매우 높아졌으니 홍수의 피해를 짐작하겠다. 최근 재해를 막기 위해 사방공사(砂防工事)를 시행하고 산에 버드나무를 촘촘히 심었으니 10년 이후면 숲의 상태가 아름다울 것이다. 얼마쯤 가니 이미 숲이 된 곳에는 "낙엽과 마른풀 채취 금지구역"이라는 푯말이 있다. 토지의 보안을 위하여 필요한 일일 것이다. 듣건대 10년 계획으로 남원 일대를 숲으로 만들려는 당국의 예정이 있다 한다.

　동남으로 웅장하고 화려한 지리산맥을 바라보며 간지 수십 리에 공립보교가 있는 곳에 잠깐 쉬니 즉 '오수역(獒樹驛)'이다. 옛날 명견(名犬)이 취해서 누워있는 주인을 위하여 타들어오는 들불을 몸으로 끄고 기진하여 죽으니 나중에 깨어난 주인이 슬퍼하여 개를 장사 지내고 무덤 위에 나무를 심었으니 오수 지명이 이 이야기에서 기인함이라 한다.

전주

영호남기행 1
전 주

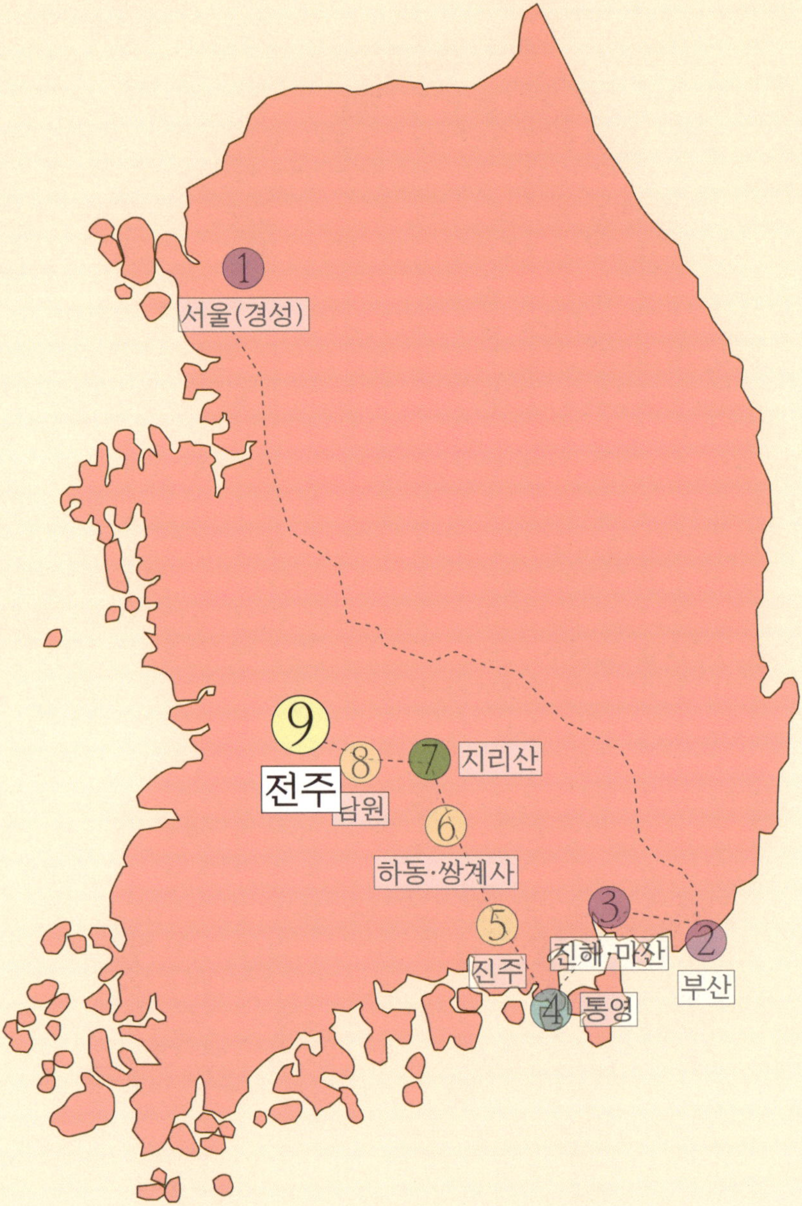

① 서울(경성)
⑨ 전주
⑧ 남원
⑦ 지리산
⑥ 하동·쌍계사
⑤ 진주
④ 통영
③ 진해·마산
② 부산

전주

　지나간 기미년(1919년) 만세운동에 '오수사건'[1]이라 하는 것이 자못 거대하였고 이로 인하여 수난을 당한 사람들이 많았다. 그분들의 집이 이 부근에 있고 한번 방문하라는 권유를 받은 일까지 있었기에 그냥 지나가기 섭섭하다. 자동차 위에서 명함에 짧은 소식을 적어 우체통에 던지고 그대로 출발한다.

　길가의 많은 비석을 보며 서북쪽을 향하여 줄곧 달아난다. 전승지 직함도 있고 전 참봉, 주사, 의관, 면장, 주재소장 할 것 없이 다양한 직함을 머리에 쓴 돌비석이 거리에 늘어선 게 보인다. 고성 여행 중에도 적지 않게 보았지만 이곳은 더욱 심한 것 같다. 최창순 씨의 말에 의하면 보성 한 개 군에만 250여 개의 석비가 있는데 갑신정변 이전이 80여 개, 갑신정변 이후 경술년 이전 27년 동안에만 80여 개가 세워져 석비를 세우는 풍조가 매우 유행되었다 한다. 환경의 변동으로 만족하지 못하는 공명욕(功名慾)의 발

작일 뿐 아니라 일반 사람들의 이익을 좇는 심리가 여기에 더해졌다는 것을 짐작할 수 있다.

임실읍에 들어가니 긴 계곡을 앉고 동서로 이어진 시가가 깨끗하다. 바쁜 걸음으로 본사 지국을 찾으니 지국장은 전주로 갔고 노신사가 있으므로 명함을 두고 지나간다. 왼쪽 언덕 위에 짜임새가 치밀한 저택을 바라보고 하루 한가한 때가 있으면 세상일을 잊고 앉거나 누워 보고 싶은 생각을 하며 지체 없이 달아난다. 관촌역(館村驛)을 지나 좌우에 심은 길가의 수양버드나무가 붉은 것을 보니 흙에 습기가 많은가 보다. 구불구불해서 매우 험난한 마치(馬峙)를 넘어서 점차 아름다운 산수의 중간으로 잠겨 간다. 남쪽을 출발한 이후로 다시 야생의 대숲을 볼 수 없으나 길가의 인가에서 대나무로 만든 창문이 많이 보인다.

서원(西院) 일대로부터 얼마쯤 기이하고 험하고 아득하여 뛰어난 풍경을 이루었다. 호남의 중심도시요 후백제(後百濟)의 옛 터전이 마땅히 이러하리라는 생각을 일으킨다. 추천(楸川)을 옆에 끼고 발이봉(發李峯)을 쳐다보며 빠른 말같이 긴 계곡으로 빠져 어느덧 풍남문의 편액이 덩그렇게 달린 남문가를 비켜 놓고 정류장에 내려 곧 지국을 찾았다.

시내 각지에는 25일 오전 6시 융희황제(隆熙皇帝)*가 위독한 상태에 빠지셨다는 내용의 게시문이 붙어 있으니 본사의 전보에 의해 지국에서 임시로 알림이다. 출발 당시 제

---

*   조선의 27대 마지막 임금 순종(純宗).

일 염려되는 것이 이 어른의 편치 않으신 병의 상태였고 불행히 만일의 경우에는 조선 마지막 제왕으로서 상을 당하신 어른께 삼가 애도의 글을 올리고자 했다.

이날 지국 2층에는 마침 '전북청년연맹'의 총회가 있었는데 당국으로부터 집회 금지의 조치가 있어 개회를 절대 허락하지 않으므로 매우 실망했다. 초행인 고로 부근 형세와 시가의 대강을 살펴보기로 하고 안내하는 분을 따라 서쪽 다가산(多佳山)에 올랐다. 비석 앞을 활터로 바꾼 신사(神社)에는 좀스러운 배치가 다닥다닥 붙어서 언제 보든 가슴이 답답한 풍경이다. 기전여학교(紀全女學校), 신흥학교(新興學校) 등의 건물과 어울려 밝게 빛나는 서양 선교사들의 집이 북쪽 강에 널브러졌다. 동남쪽부터 서남쪽까지 만들어진 시가는 3,000여 호 정도로 사는 사람과 어울려 적이 넉넉하고 풍성한 맛이 있다.

남고산성, 만경대, 발이봉, 건지산, 오목대, 완산, 다가산, 추천, 경기전, 조경전, 이렇게 산천과 건물을 하나씩 바라보고 추천의 하류로부터 멀리 익산평야의 넓고 큰 기세를 바라보며 산하의 추세가 저절로 여기서 일어나 북으로 옮겨간 이 씨의 옛일을 수긍케 하는 암시를 주는 것 같다. 우뚝한 풍남문(豊南門)을 기점으로 옆에는 가톨릭교회의 첨탑이 솟아 있고 시가 일반이 초가가 반이 넘는데 중앙의 일본인 주거지가 옛날과 같이 넉넉하고 풍성함이 있다. 옛 진위대 영사에는 도립기업소가 있고 한복판에는 정구장을 만들었는데 거의 일본인이 독점으로 쓰는 곳이라고 한다. 다가산 아래 추천의 둘레에는 강기슭 보호 공사가 한창 진행 중이다. 흰옷 입은 노동꾼이 지게를 지고 왕래하고 상류의 남문 밖 천변에는 빨래하는 늙은 여자가 방망이질이 한참이다. 푸른 물결을 이용하여 누런 조를 잘 골라 백사장 위 망석을 깔아 그 위에 말리는 것이 이곳이 호북(湖北) 농업지대의 도시인 것을 연상케 한다.

근심하는 마음이 커서 오로지 곧 경성에 돌아오고 싶으나 오후 8시가 아니면 차편이 없으므로 바쁜 중에 기다리게 되었다. 지국장 이용기 씨와 함께 점심밥을 먹고 인도하는 대로 중앙여관에 들어갔다. 마침 한가하고 조용하여 머무는 사람이 적어 피로한 몸으로 누워버렸다. 도 연맹의 사무로 이용기 씨는 매우 바쁜 중이므로 잠시 인사하고 떠나고 나는 다시 창문 앞에서 원고를 쓴다. 마침내 다시 옷과 이불을 정리하고 남문로로 나서서 추천을 끼고 발이봉을 향하여 한벽루(寒碧樓)에 올랐다. 아아, 고요히 지는 해가 발이봉에 가득 담긴 그때!

'호남제일관(湖南第一關)'은 안으로 보는 풍남문의 명칭이다. 긴 세월에 까맣게 솟은 이층 적루를 지나 강변 공사의 새 방축을 디디고 얼마쯤 가니 발이봉의 남쪽 기슭 옥류동(玉流洞)의 비탈에 있는 한벽루에 올랐다. 많이 퇴락하여 현판조차 없어졌다. 아래에는 평평하고 넓은 암벽이 5~6길 떨어져서 남원의 만마동(萬馬洞)에서 쏟아져 내린 물이 40여

리를 행하여 이곳에 이르렀으니 조약돌이 쭉 깔린 계곡으로 흘러 물이 맑기가 보석과 같다.

발이봉의 이어진 산이 동서로 뻗어서 아름답고 웅장함이 평양의 모란봉(牡丹峰)과 비슷한데 규모가 오히려 거대하고 고덕산(高德山)이 옥류동과 떨어져 마주 섰으니 울창한 숲이 겹겹이 펼쳐 있다. 숲의 옆으로 옛 성이 남북으로 펼쳐졌는데 넘어가는 햇빛을 받아 천 년의 묵은 자취가 아직도 새로운 것처럼 보인다. 높은 북장대는 북쪽 봉우리의 꼭대기에 우뚝 서서 끝없는 비장한 뜻을 차고 있으니 여기는 곧 남고산성(南固山城)의 유적이다.

고덕산의 한 맥이 북으로 떨어져 높은 대지를 이루니 오목대(梧木臺)이다. 대의동 뒤에는 목조 옛 집터가 있고 복판에는 태조 고황제의 석비가 있으며 대 아래 시가에는 경기전(慶基殿)이 있으니 이조 용흥(龍興)의 땅이다. 태조 이성계가 운봉 황산에서 왜구를 대파하고 이름을 떨치고 돌아올 때 오목대 위에서 지내면서 종친과 연회를 하던 곳이다. 서남쪽으로는 곤지산(坤止山)과 완산(完山)이 있고, 서쪽으로는 다가산이 비스듬히 놓였다. 남고산성 일대의 산악이 가장 험하며 전체적인 배치의 중심이다. 그 동남으로 고달산(高達山)으로 통하는 봉우리와 서남쪽으로 모악산(母岳山)의 겹쳐진 산이 모두 하늘을 그은 듯이 시야의 끝까지 벌어서 있다. 만일 옥류동의 수량이 진주 남강에 미쳤으면 촉석루의 풍경은 멀리 한벽루에 뒤졌을 것이다.

九月高風愁客子　　구월고풍수객자
　　百年豪氣誤書生　　백년호기오서생

　　구월 소슬한 바람에 나그네의 근심이 깊은데
　　백년 기상 호탕함이 서생을 그르쳤네

　이 시는 정몽주(鄭夢周)가 남고산성 만경대(萬景臺)에 올라 읊은 시구이다.

　　天涯日沒浮雲合　　천애일몰부운합
　　惆悵無由望玉京　　추창무유망옥경

　　하늘가에 해는 지고 뜬구름 덧없이 뒤섞이는데
　　하염없이 고개 들어 송도만 바라보네

　그 시의 마지막 구절이다. 푸른 산이 뜻이 깊고 누런 잎이 흩날릴 때 백제성 가장자리 만경대 위에 높이 서서 저문 날 엉긴 구름을 보며 머리를 들어 개경을 바라볼 길 없음을 한탄하고 있다. 어찌할 수 없는 나라 사정에 외롭고 위태로운 군왕을 위하여 끝없이 충성을 다하고자 한 마음을 스스로 부칠 곳이 없었기 때문일 것이다. 정몽주 선생의 일관되고 가득한 정성과 지극히 선한 성질은 때에 따라 끊어진 적이 없고 곳에 따라 변한 적이 없다. 그가 바뀌어 가는 오백 년 왕업의 쓸쓸한 마지막을 위하여 스스로 그렇게 하지 못했던 것이다. 벼슬하지 않는 사람이라 어질고 지혜로운 사람의 태도를 배울 수 없고, 도리에 어긋난 행동을 한 사람이라 군왕(君王)의 은혜와 의리를 깨달을 수 없다.

그러나 발이봉 지는 해가 반 천 년 전 용흥의 꿈과 자취를 애도할 때 돌아가신 마지막 제왕 순종(純宗)을 추억하여 흩어지는 천하의 민생을 슬퍼하니 봄빛을 자랑하는 이때에 홀로 탄식하는 마음이 없겠느냐? 발이봉은 발산이니 산 모양이 바리와 같은 것이 그 이유이다. 남고산성에는 견훤의 옛 성터가 있다 하니 후백제의 백일몽은 감상하고 싶지 않다.

비사벌과 완산주는 백제와 신라가 쇠퇴하고 흥한 기억이고, 순의군 절도사와 안남대도의부는 왕 씨가 지나간 흔적이라 한다. 선조 정유재란 때 양원이 남원에서 패하거늘 명나라 장수 진우충은 수천 명의 병사로 이곳을 지켰으나 마침내 함께 패하고 죽었다. 고종 때 갑오년 동학당의 사변에는 그 전란의 본거지가 여기였다. 수많은 전쟁터였던 산하, 인간 세상의 재앙 낀 운수를 수다스럽게 떠들고 싶지 않다.

북쪽으로 건지산(乾止山)이, 서쪽으로 가련산(可連山)에 그치니 전주의 크고 험한 진지라 하나 미처 답사할 시간이 없었다. 한벽루 비탈을 내려와 월당 최 학사의 유허를 찾으니 우거진 대나무숲에 남국의 기분을 알려주고 싶다. 추천의 물이 옥류동으로부터 서쪽으로 흘러 다가산의 동쪽 기슭에서 북으로 꺾여 멀리 삼례역(參禮驛)에까지 가서 안천의 물과 합류하니 만경강이 그의 시작으로 즉 김제평야의 물길을 이루었다. 최근 만경강 치수사업으로 황해도의 재령강과 아울러 문제되는 곳이다. 강변 공사가 한벽루 앞에서 서북 유랑지대까지 거의 수십 정에 미치는 대공사이다. 전주 특산인 부채제작소를 보고 큰 종이 가게를 돌아보고 종이우산이 진열된 점포에서 견고하고 우아한 작품인 것을 새롭게 수긍하며 여관에 돌아왔다. 전주 종이우산 같은 것은 매우 실용적이고 좋은 물품이라 할 것이다.

4월 26일 오후 8시 여러 벗의 전송에 감사하면서 전주역을 떠나 이리(裡里)*까지 오고 이리에서 다시 대전까지 오고 대전에서 또 경성까지 왔다. 전주에서 두 명의 친한 벗을 차 중에서 만났고 이리역에서는 오랫동안 떨어져 지냈던 오랜 벗을 만나 두계역(豆溪驛)**까지 이야기하며 왔다. 이리까지는 전북철도회사의 경철이라 흔들림이 꽤 심하나 자동차 여행에 비하면 오히려 편안하다.

전북평야의 막막한 형세를 캄캄한 차창으로 가끔 내려다보면 침묵에 잠긴 농촌의 밤 풍속화를 보는 것처럼 심경에 어른거린다. 이리와 대전 사이는 지난날 다녀온 적이 있던 땅이다. 밤이 점점 깊어 더욱 차창 속에서 편안함을 탐내게 된다. 대전에서 몇 시간 동안 여관에서 누웠다가 자정이 지난 2시 가깝게 출발하여 잠자는 중에 수백 리 강산을 지나고 다음 날 아침에 깨어보니 진위, 수원의 산

---

* 현재는 '익산'이다.
** 현재는 '계룡역'이다.

악들은 개미가 만든 두둑같이 평야의 경계선이 높아졌다 낮아졌다 한다. 수리산(修理山)과 관악산의 바깥 봉우리들도 완만하고, 산의 연한 초록빛을 보니 시냇물 위에 에돌아 가는 것처럼 보인다. 마치 지리산의 웅장하고 거대한 기세가 높은 곳에 오른 사람의 마음속 바다에 깊게 쌓인 것과 같았다.

경성에 들어오자 가볍게 아침밥을 먹고 비통한 기분이 가득한 시가를 지나 곧 신문사에 갔다. 돈화문(敦化門) 앞으로 가니 흰옷 입은 남녀의 군중이 슬픈 기색으로 몰려든다. 보초병같이 늘어선 순사가 추격의 명령을 기다리는 듯하고, 말을 타고 있는 순사들은 초조한 기분 중에 경계가 매우 엄중하다.

모든 사람들이 통곡하는 거리의 한 귀퉁이에 우두커니 섰다. 북받쳐 나오는 그들의 울음은 골수에 맺힌 국민적 회한의 최종의 감격이다. 회고적인 감상이 그들의 참을 수 없는 하소연에서 나오는 것이다. 참패한 역사에서 시작된 무한한 분노의 정이 부자연한 억압의 밑에서 침울한 저주의 소리로 쏟아 나오는 것이다. 그들은 조선 반 만 년의 허구한 생활의 묵은 경험을 다시 생각하고 자기의 가장 크고 높으신 상징으로 이 마지막 제왕의 죽음을 슬퍼하는 것이다. 그리고 또한 갈까 말까 죽을까 살까 하는 알 수 없는 역사의 새 앞길에 대하여 스스로를 격려하는 소리이다.

그 끝없이 넓은 세상에 한 몸으로, 마치 파도가 치는 큰 바다에 생존이라는 확신 없는 항해를 단행하려는 모험을 걱정하는 결별의 슬픈 노래인 것 같기도 하다. 아아, 봄바람에 먼 길을 가서 반갑던 금수강산을 돌아보았지만 나라는 망하고 상세한 정경을 생각하면 이 소리소리 피를 토하며 우는 모든 백성의 회한이 자연스럽고 타고난 성질에서 나와 스스로 소식들을 막힘없이 속속들이 알고 또 몸으로 느끼는 바이다.

　산악이 크고 곱더라. 봉우리가 수려하더라. 강과 바다가 끝이 없는데 풍광이 아름답더라. 이것이 모두 조선 민족이 편안하게 살고 성장하던 수천 년의 아름다운 땅이더라.

　그러나 듬뿍 실린 봄빛에 기뻐하는 것보다 도리어 무한 비통을 자아내게 하더라. 도시에서 농촌에서 바다 가운데에서 계곡에서 곳곳마다 이 세상의 험한 풍상을 겪으면서 오히려 암담한 앞길에 슬퍼하는 수많은 동포를 만날 때마다 표현할 수 없는 무언의 비극은 끊일 새가 없더라. 만일 그 산하와 대지의 피땀으로 개척하고 수호하던 선조들의 옛 자취를 답사하며 오늘까지 편안하지 않는 참화의 지속을 생각하면, 타오르는 근심의 불꽃을 주체할 길이 없더라. 번창한 시가, 물 흐르는 계곡에 귀여운 어린 이들을 보며 축복하는 속살거림이 끝나기 전에 문득 슬프고 침울한 마음이 들어 그들 장래의 운명에 의심을 품게 되더라. 우리가 겪는 저주의 멍에를 그들의 시대에까지 물려줄까 두려워함이라.

　황산에 서서 태조가 재능을 발휘한 것이 왕업개창(王業開創)에 깊은 관계가 있던 것을 추억하고 발이봉 지는 해에 이 씨 발상의 기초가 되는 일을 자세히 떠올려 보았다. 모든 것을 떨쳐 버리고 한길로 다시 한양에 돌아와 문득 그 마지막 제왕을 추도하게 되니 또한 그 인연이 기이한 것이다.

　맑은 한강물이여! 여기에 마음에 품은 생각을 흘려내려 볼까? 내 삶은 끝이 있어도 생각하는 것은 끝이 없구나! 끝이 있음으로 끝이 없음을 좇고자 하니 옛날 장자(莊子)가 이것을 한탄했다. 인간 세상이 험난하니 내 이를 피할 수 있겠는가? 불교에서 말하는 극락세계인 서방정토(西方淨土)는 멀고 멀어 접할 수 없고, 바다의 파도는 고요하니 내 차라리 배를 띄우랴? 아득한 배는 어디에 닿을 것인가? 아아, 이미 갈 곳이 없으니 내 차라리 재앙 속에 있는 동포에게 돌아가고 싶다. 차라리 만천하 혈기 있는 사람에게 길이 간곡하게 호소하고 싶다.

　　어려우면 어찌하며 쉽다 한들 돌아가리
　　물결에 실린 배니 애씀 없이 절로 가리
　　갈수록 까만 바다 참 한마음 아니고야

주(注)

경부선

1) 직지인심(直旨人心): 선종에서 수행자가 경전의 매개 없이 마음을 가리켜 단박에 성불하게 된다는 불교교리. 경전의 매개 없이 곧장 사람의 마음을 가리키므로, 수행자는 자신의 마음의 본성을 보고 단박에 성불하게 된다는 것이다. (출처: 한국민족문화대백과사전)

부산

1) 일본에서도 '복숭아'는 봄과 여성, 특히 어린 여자아이와 소녀를 상징한다. 일본에서는 매년 3월 3일에 '히나마츠리(ひな祭り)'라 불리는 축제를 즐긴다. 이날에 일본인들은 여자아이들의 건강과 행복을 빌며 빨간 천으로 덮은 제단인 히나단[雛壇]에 히나 인형과 여러 가지 음식들을 올려 장식한다. (출처: 이승희, 「카카오프렌즈 캐릭터 '어피치'의 일본 현지화 성공 배경: '복숭아'의 문화적 표상을 중심으로」, 『스토리앤이미지텔링』 제18집, 건국대학교 스토리앤이미지텔링연구소, 2019, 153쪽.)

진해·마산

1) 신공황후신화(神功皇后神話): 주아이[仲哀] 천황의 왕비인 신공황후가 바다를 건너 고대 한반도 삼한(三韓)을 정복해 속국으로 삼고, 그 귀국길에 오진[応神] 천황을 출산하는 이야기로 일본은 물론이고 한국에도 잘 알려진 대표적인 일본신화이다. 이 신화는 『고지키[古事記]』와 『니혼쇼키[日本書紀]』에 수록된 기기(記紀)신화부터 일제강점기의 교과서까지 오랜 시간에 걸쳐 다양한 매체를 통해 전승되며 일본인의 삶 속에

서 살아있는 신화로 기능했다. (출처: 김영주, 「일본 중세신화 연구-신공황후신화를 중심으로-」, 『외국문학연구』 제72호, 한국외국어대학교 외국문학연구소, 2018, 184쪽.)

통영

1) 茅屋秋雨天下寒士(모옥추우천하한사): 두보의 시 「초가집이 가을바람에 무너진 것을 노래함[茅屋爲秋風所破歌]」에 나온다. 해당 부분은 다음과 같으며 원래 글에서 연결된 글이 아닌 떨어져 있는 내용을 묶어 제목으로 만든 것이다.
八月秋高風怒號 卷我屋上三重茅(팔월추고풍노호 권아옥상삼중모) …
床床屋漏無乾處 雨脚如麻未斷絶(상상옥루무건처 우각여마미단절) …
安得廣廈千萬間 大庇天下寒士俱歡顏(안득광하천만간 대비천하한사구환안) …
팔월 한가을에 바람이 사납게 불어 우리집 지붕 세 겹 이엉을 휩쓸어갔네 … 잠자리마다 지붕 새어 마른 곳 없는데 빗발은 삼대같이 끊이지 않네 … 어떻게 하면 넓은 집 천만 칸을 구해 천하의 가난한 선비들 크게 비호하여 모두 웃게 할까 … (번역자문: 한국고전번역원)

2) 일제강점기 지정항이 설치된 군. 항만의 축조, 시설관리, 운영 등에 따른 일체의 업무 관련한 모든 행정적 조치가 조선 총독의 관장하에 있는 항을 말한다.

3) 歲時伏臘走村翁(세시복납주촌옹)
해마다 여름과 겨울의 제사에 촌로들이 달려가 제사하네
두보의 시 「영회고적오수(詠懷古跡五首)」 중 한 구절을 말한다. 젊은 선비들이 술잔을 들고 홀(笏)을 받들어야 하는데 지금은 촌 노인들이 달려올 뿐이라는 뜻이다. 충무공 사당에 젊은 사람들이 찾아오지 않는 것을 개탄하는 마음이 담겨 있다.

4) 竭忠於國而罪已至(갈충어국이죄이지)
나라에 충성을 바치려 했건만 죄에 이미 이르렀고
欲孝於親而親亦亡(욕효어친이친역망)
어버이에게 효도하려 했건마는 어버이마저 돌아가셨다.
天地安如吾之事乎(천지안여오지사호)
어찌하랴! 천지간에 나 같은 사정이 또 어디 있으랴
不如早死也(부여 조사야)
어서 죽느니만 못하다.

주(注)

1597년 4월 19일 백의종군하면서 아산에 이르러 어머니의 돌아가심을 듣고. (출처: 『난중일기』, 정유년 4월 19일)

진주

1) '촉석루'라는 이름은 남강의 가운데에 뾰족뾰족한 돌이 있는 까닭에 붙여졌다고 한다. 조선 후기의 저명한 시인인 신유한(申維翰)은 촉석루의 아름다운 경관과 역사적 사실을 다음과 같이 읊었다.
   晋陽城外水東流(진양성외수동류)
   진양성 바깥엔 강물은 동으로 흘러가고
   叢竹芳蘭綠映洲(총죽방난녹영주)
   울울창한 대 꽃다운 난초는 푸르러 모래섬에 비치도다
   天地報君三壯士(천지보군삼장사)
   천지엔 충성 다한 삼장사가 있었고
   江山留客一高樓(강산유객일고루)
   강산엔 객을 머물게 하는 높은 누각 우뚝 섰네
   歌屛日照潛蛟舞(가병일조잠교무)
   병풍치고 노래하니 햇살에 잠자던 교룡은 춤추고
   劍幕霜侵宿鷺愁(검막상침숙노수)
   병영 막사에 서리 들이치니 졸던 해오라기 수심 깊네
   南望斗邊無戰氣(남망두변무전기)
   남으로 북두성 바라보니 전쟁 기운은 사라졌고
   將壇茄鼓半春遊(장단가고반춘유)
   장군단엔 피리 불고 북 치며 중춘에 노닌다네

2) 子在川上曰 逝者如斯夫 不舍晝夜(자재천상왈 서자여사부인저 불사주야로다.)
   공자께서 냇가에서 말씀하시길 "흘러가는 것은 이와 같아서 밤낮으로 쉬지를 않는구나." (공자, 『논어』, 「자한(子罕) 제16장」)

3) 山河大地·宇宙千年, 人巨無恨.(산하대지·우주천년, 인거무한.)
   드넓은 국토 산하와 천고의 우주 속에 어찌 사람이 한이 없겠는가.
   이것은 원래 있던 것을 인용한 것이 아니라 저자가 만든 말로 보임. (번역자문: 한국고전번역원)

4) 명청교체기인 1645년 청군에 의해 명나라 제3의 대도시인 양주성에서 10일에 걸쳐 일어났던 대학살극을 담은 양주성 생존자 왕수초(王秀楚)의 일기이다.

하동·쌍계사

1) 중국의 강남 땅인 오나라와 월나라는 미인이 많이 태어나기로 유명했다. 이를 흔히 오희(吳姬) 또는 월녀(越女)라 하여 당나라 때의 양귀비와 함께 문학에 많이 인용되었다.

2) 굴원이 「어부사(漁父辭)」에서 "어찌 결백한 몸으로 더러운 것을 받아들일 수 있겠소. 차라리 상수에 몸을 던져 물고기 뱃속에 장사 지낼지언정 어찌 이 희고 깨끗한 내 몸으로 세속의 먼지를 뒤집어 쓸 수 있겠소?"라고 쓴 부분을 말한다.

3) 육조단경(六祖壇經) 제2(第二)
菩薩戒經 云我本元自性 淸淨 若識自心見性 皆成佛道, 淨名經 云卽是豁然 還得本心.
(보살계경 운아본원자성 청정 약식자심견성 개성불도, 정명경 운즉시활연 환득본심.)
보살계경에 말씀하시기를 "나의 본원 자성은 원래 청정하니 만일 자기의 마음을 알아서 자기의 성품을 보면 모두 다 불도를 이룬다."라고 하였으며, 정명경에서는 "즉시에 확 트이면 다시 본심을 얻는다."라고 하였느니라.

4) 육조단경 제1(第一)
菩提 本無樹, 明鏡 亦非臺. (보리 본무수, 명경 역비대.)
本來無一物, 何處 惹塵埃! (본래무일물, 하처 야진애!)
보리수 본래 없고 맑은 거울 또한 받침대가 아님이라.
본래 한 물건도 없는데 어디에 먼지 앉고 때가 끼겠는가!

지리산

1) 蘭亭已矣 梓澤丘墟(난정이의 재택구허): 난정의 모임 끝났고 재택도 빈터만 남았네.
王勃(왕발)의 『滕王閣序(등왕각서)』에 나오며 해당 부분은 다음과 같다.
嗚呼! 勝地不常, 盛筵難再. 蘭亭已矣, 梓澤丘墟.
(오호! 승지불상, 성연난재. 난정이의, 재택구허.)
아! 경치 좋기로 이름난 곳 항상 있는 것 아니요. 성대한 자리는 두 번 만나기 어려우니 난정의 모임 끝났고 재택도 빈터만 남았네.
왕희지(王羲之)가 난정기(蘭亭記)를 썼던 '난정'은 당시 풍류객의 모임

주(註)

으로 유명했고, 갑부였던 石崇(석숭)의 정원 금곡원(金谷園)의 별칭인 '재택'도 명사들의 모임으로 유명했다. 이는 옛날 명사들이 노닐던 곳이 모두 황폐하여 빈터만 남은 것을 말한다. (번역자문: 한국고전번역원)

2) 「어부사(漁父辭)」 - 굴원
滄浪之水淸兮 可以濯吾纓 滄浪之水濁兮 可以濯吾足
(창랑지수청혜 가이탁오영 창랑지수탁혜 가이탁오족)
창랑의 물이 맑으면 내 갓끈을 씻고, 물이 흐리면 내 발을 씻으리라.
'탁영(갓끈을 씻음)'은 '세속에서 벗어나 고결함을 유지하는 것'을 뜻함.

3) 鷄林黃葉 鵠嶺靑松(계림황엽 곡령청송)
계림은 누런 나뭇잎이요, 곡령은 푸른 소나무로다.
계림은 신라이고 곡령은 왕건의 집이 있던 뒤쪽의 마루이다. 누런 나뭇잎은 떨어지는 잎으로 쇠락을 말하고, 푸른 소나무는 강성함을 뜻한다.

4) 제가야산독서당(題伽倻山讀書堂) - 최치원
狂噴(奔)疊石吼重巒(광분첩석후중만)
人語難分咫尺間(인어난분지척간)
常恐是非聲到耳(상공시비성도이)
故教流水盡籠山(고교류수진롱산)
첩첩 바위 사이를 미친 듯 달려 겹겹 봉우리 울리니,
지척에서 하는 말소리도 분간키 어려워라.
늘 시비(是非)하는 소리 귀에 들릴세라,
짐짓 흐르는 물로 온 산을 둘러버렸다네.

5) 自然爲教, 無言爲化.(자연위교, 무언위화.): '저절로 교육이 되어 말하지 않아도 변화한다'라는 뜻. 『揆園史話(규원사화)』「檀君記(단군기)」에 나오며, 해당 부분은 다음과 같다.
後世, 駕洛國, 房(居)登王時, 有嵒始仙人者, 自七點山而來, 見王於招賢臺曰, 君以自然爲治, 則民以自然成俗, 爲治之道, 古有其法, 君何不體之.
(후세, 가락국, 방(거)등왕시, 유암시선인자, 자칠점산이래, 견왕어초현대왈, 군이자연위치, 칙민이자연성속, 위치지도, 고유기법, 군하불체지.)
후세 가락국 거등왕 때에 암시선인이 칠점산에서 와 초현대에서 임금을 뵙고 말하기를 "임금이 자연의 이치로 백성을 다스리면 백성이 저절로 좋은 풍속을 만들 것입니다. 백성을 다스리는 방법은 예부터 방법이 있는데 임금께서는 어찌 행하지 않으시겠습니까." (번역자문: 한국고전번역원)

6) 안재홍이 사용한 "不知何處是人間(부지하처시인간)"은 '어느 곳이 인간 세상인지 모르겠다'라는 뜻으로 이글에서는 지리산행 중 조난을 당해 인가(人家)를 찾고자 하는 간절함을 표현했다.

남원

1) 춘추시대 오(吳)나라 사람으로 열국(列國)에 사신으로 나가 풍속을 살폈으며, 특히 노(魯)나라에서 각 나라의 음악을 들어보고는 무서울 정도로 정확하게 평가를 내렸다는 고사가 전한다.
2) '아지발도(阿只抜都)'는 고려 우왕 6년(1308년) 고려에 침입한 왜구를 지휘했던 일본의 무장이다. 이성계가 아지발도를 죽인 것을 계기로 고남산은 태조봉이라고도 불린다.
3) 황산대첩비지에는 어휘각(御諱閣)이 있는데 태조의 어휘인 단(旦)자와 황산대첩에 참전한 8원수 4종사관 이름을 새겨 놓았다는 바위다. 그러나 1758년 발간된 운성지(雲城誌)의 '화수산서각'의 내용을 보면 '동고록정왜 경신이신(同苦錄征倭庚申李紳)'의 글자가 새겨져 있고 나머지는 판독할 수 없다고 했다. 일설에는 황산대첩에 승리한 이듬해 이성계가 다시 이곳을 찾아와 창 끝으로 단(旦)자를 새겼다고 전하는데, 단(旦)은 왕위 즉위 후의 이름이기 때문에 이곳을 방문했다는 기록을 고증할 수 없으므로 신빙성이 없다. 다만 운성지의 기록에 의하면 아용부곡의 교졸들이 훗날 충성심을 표시하기 위하여 바위에 새긴 것으로 추정된다. (출처: 한국학중앙연구원-향토문화전자대전)
4) 리푸(Lifou): 뉴칼레도니아 본 섬의 동쪽에 있다. 1841년 영국 선교사들이 찾아와 영국 영토로 간주되었지만, 1853년 나폴레옹 3세 때 프랑스 식민지가 되었다.
5) 키레나이카(Cyrenaica): 1911년부터 1934년까지 이탈리아가 통치했던 리비아 동부의 식민지.

전주

1) 기미년(1919년) 3월 10일 오수보통학교(초등학교) 학생들의 만세 시위. 대한제국 최초의 보통학교 학생들이 펼친 만세운동으로 전국 10대 의거로 꼽힌다.

안재홍 연보

1891년 12월 30일	경기도 진위군(현 평택시) 고덕면 611번지 안윤섭·홍종은의 차남으로 출생. 큰형은 안재봉, 남동생은 안재학·안재직, 여동생은 안재숙·안재영
1905년	수원의 이정순과 결혼
1907년	고덕면 율포리 사립 진흥의숙 입학. 수원 기독교 학교에서 공부
	서울로 유학가 황성기독교 청년회 학관(현재 성동고)에서 수학
1911년 9월	동경 와세다대[早稻田大] 정치경제학부 입학
1913년 여름	중국 상해, 우한, 남경, 제남, 청도, 북경, 심양 등지 여행
1915년 5월	중앙학교 학감 취임
1915년 6월	장남 정용 출생
1917년 3월	중앙학교 사임과 서울 중앙YMCA 간사 활동
1917년 5월	부친 안윤섭 별세
1918년 5월	차남 민용 출생
1919년 11월	대한민국 청년외교단·애국부인회 사건으로 옥고(제1차 옥고)

1924년 4월	물산장려회 이사, 시대일보 논설 기자 입사
1924년 9월	조선일보 주필 입사
1925년 3월	흥업구락부 창립회원 참여
1925년 4월	전국 기자대회 부의장
1925년 5월	딸 서용 출생
1925년 9월	조선인 신문잡지 기자 모임 무명회 회장
1925년 11월	태평양문제연구회, 조선사정연구회 참여
1926년 3월	민립대학 기성운동 촉성회 참여
1926년 4월	부산·마산·통영·진주·하동·지리산·남원·전주 여행
1927년 2월	신간회 발기인 참여 및 총무간사
1927년 7월	신간회 지회 설립 강연을 위해 해서·함흥 지방 답사
1927년 11월	재만동포옹호동맹 위원장 취임
1928년 1월	조선일보 사설 '보석지연의 희생'으로 금고(제2차 옥고)
1928년 5월	조선일보 사설 '제남사건의 벽상관'으로 금고(제3차 옥고)
1929년 1월	출옥. 조선일보 부사장 취임
1929년 4월	조선일보 생활개신운동 전개
1929년 7월	조선일보 문자보급운동 전개
1929년 9월	광주 서석산(무등산) 답사
1929년 12월	신간회 민중대회 사건으로 기소유예(제4차 옥고)
1930년 1월	『조선상고사 관견』 조선일보 연재
1930년 5월	단재 신채호 『조선상고사』 조선일보 연재, 정주 오산학교 답사

1930년 7월	백두산 일대 답사
1931년 5월	조선일보 사장 취임, 충무공유적보전회 위원 활동
1931년 6월	『백두산등척기』 간행
1931년 10월	만주동포조난문제협의회 조사선전부 상무
1932년 3월	만주동포 구호의연금 유용 혐의로 구속(제5차 옥고). 조선일보 사장 사임
1934년 4월	경성여자의학전문학교 설립운동 발기인 참여
1934년 6월	구월산 답사 후 『구월산등람지』 동아일보 연재
1934년 7월	속리산 법주사, 논산, 고창, 순창, 남해 충무공유적 답사
1934년 9월	다산 서세 99주년 기념강연
1934년 12월	조선어표준어 사정위원 활동
1935년 2월	일본 동경 메이지대 유학생 강연회 참석
1935년 3월	『중국의 금일과 극동의 장래』 발간
1936년 5월	군관학교 사건으로 2년 징역(제6차 옥고)
1938년 4월	부인 이정순 별세
1938년 5월	흥업구락부 사건으로 검거(제7차 옥고)
1938년 9월	군관학교 사건 형확정으로 투옥(제8차 옥고)
1938년 10월	다산 정약용 문집 『여유당전서』 전 76권 완간
1941년 4월	군산 출신 김부례와 재혼
1942년 12월	조선어학회 사건으로 함경남고 홍원경찰서 수감(제9차 옥고)
1944년 4월	모친 남양홍씨 별세

1945년 5월	조선총독부에 여운형과 함께 민족대회 소집안 제시
1945년 8월 15일	조선건국준비위원회 조직, 부위원장으로 참여
1945년 8월 16일	「해내 해외 삼천만 동포에게 고함」 해방 연설
1945년 10월	『신민족주의와 신민주주의』 출간, 국민당 조직 중앙집행위원장 선임
1945년 12월	미군정 교육심의위원회 이념분과위원장으로 교육이념 홍익인간 제시
	신탁통치반대 국민총동원위원회 부위원장 선임
1946년 2월	비상국민회의 정무위원, 헌법 선거법 수정위원, 남조선 대한민국 대표 민주의원
	외교협회 초대 부회장, 조선체육회 고문 선임
1946년 4월	삼의사 유해봉환 추진위원, 한독당 중앙상무위원 선임, 외동딸 안서용 결혼
1946년 5월	국학대학 승격 추진위원장
1946년 7월	좌우합작 우측 대표 선임
1946년 12월	남조선 과도입법의원 관선위원 선임
1947년 1월	입법위원회 외무국방위원장 선임
1947년 2월	미군정청 민정장관 취임
1947년 3월	대한적십자사 초대 부총재
1947년 6월	서재필 박사 귀국 환영회 준비위원. 한독당 중앙위원 제명
1947년 7월	『조선상고사감』 발간

1947년 8월	울릉도·독도에 최초 학술조사대 파견
1947년 9월	민주독립당 창당 참여
1948년 6월	미군정 민정장관 퇴임. 대한올림픽 후원회 회장
	한성일보 사장 복귀 대한언론인협회 명예회장 위촉
1948년 9월	서대필 박사 귀국 환영회 참석
1948년 11월	마니산 개천절 행사 참석. 신생회 결성. 이충무공기념사업회 발기인 참여
1949년 1월	간디협회 고문 위촉
1949년 4월	강화도 마니산 단군유적 답사
1949년 5월	『한민족의 기본진로』발간. 중앙농림대학 초대학장 취임
1949년 7월	백범 국민장 장의위원.
1950년 5월	평택에서 2대 국회의원 무소속 당선
1950년 6월	한국전쟁중 북한군에 납북. 동생 안재학, 둘째 아들 안민용 지병으로 사망
1965년 3월 1일	평양에서 별세(향년 75세). (매봉산 기슭 안장. 나중에 납북인사 묘지 이장)
1971년 4월 1일	첫째 안정용 지병으로 사망
1989년 3월 1일	건국훈장 대통령장 추서
1991년 11월	국립묘지 무후선열제단에 위패 봉안
1992년 12월	경기도 평택시 고덕면 안재홍 고택 경기도 문화재 지정
1999년 11월	부인 김부례 여사 별세

후기

　이 글은 1926년 봄 민세 안재홍의 영호남 기행문을 풀어 쓴 것이다. 민세는 1926년 4월 16일 경남 하동 쌍계사에서 열리는 '경남 기자대회'를 계기로 경성(현재의 서울특별시)을 떠나 고향 진위(현재의 평택시)에서 하룻밤을 묵고 다음날 경부선 길을 따라 영호남행을 시작했다. 여행 기간은 1926년 4월 13일부터 4월 26일까지였고 같은 해 4월 18일부터 6월 2일까지 자신이 주필로 재직했던 『조선일보』에 연재되었다. 이 글의 일부는 해방 이후 「춘풍천리」, 「목련화 그늘에서」라는 제목으로 국어 교과서에도 실려 청소년들의 사랑을 받았다. 민세는 다수의 기행문을 남겼으나 현재까지 책으로 출간된 것은 1931년에 나온 『백두산등척기』 뿐이다.
　민세가 쓴 기행문의 특징은 '체험적 글쓰기를 통한 실제적 기행문'이라는 점에서 주목할 만하다. 자칫 감정 과잉에 빠져 감상적인 글로 흐르거나 일방적인 정보 전달에만 급급해 문학성을 갖추지 못한 글쓰기로 전락해 버리기 쉬운 것이 기행문이다. 글쓴이의 체험에서 얻은 느낌이나 깨달음을 기술하는 게 기행문이 속한 교술 갈래의 장르적 특징이기는 하지만, 민세의 기행문은 체험적 글쓰기에 머무르지 않는다. 유명한 사적지를 둘러보는 관광, 또는 한가롭게 유람한 후 남긴 소감문의 차원이 아니며 관념적이고 계몽적인 성격을 바탕으로 한 현학적인 글도 아니다.

언론인으로서의 직업의식이 반영된 현장성, 망국의 지식인으로서의 정체성이 반영된 시대성, 조선인 개인으로서의 우리 국토와 역사, 민족에 대한 애정이 담긴 민세의 기행문은 말하자면 실제적 기행문이다. 바로 이 점이 이광수 기행문의 심미적 글쓰기, 최남선 기행문의 이념적 글쓰기와 구별되는 안재홍 기행문의 특징이자 우리가 민세의 기행문에 주목해야 하는 이유이다.

민세에게 여행은 당시의 시대적·사회적 상황을 온몸으로 감각하기 위한 수단이었다. 부산으로 향하는 경부선의 여행 경로에서부터 흐르는 강물, 차창 밖으로 보이는 조선 사람들, 흩날리는 벚꽃의 이파리 하나까지, 여행 중 감각한 모든 것이 경제, 문화, 정치 등 담론의 차원에서 기록되었다. 여기에 해박한 역사 지식과 동서고금을 넘나드는 고전의 인용이 더해져 민세의 기행문은 한층 더 깊이 있는 문학작품으로 읽힌다. 천천히 여러 번 읽으며 곱씹을 수록 98년이라는 시간의 장벽이 허물어지고 민세의 통찰력과 문체의 아름다움을 더 진하게 느낄 수 있을 것이다.

    1926년 당시 민세의 기행은 실시간으로 신문에 연재되었고, 독자들은 그의 여정과 생각을 공유할 수 있었다. 지금은 비록 실시간은 아니지만 이 영호남 기행문을 통해 민세의 여정, 견문, 감상을 공유함으로써 민세의 체험을 상상해 보게 된다. 독자 여러분의 적극적인 상상력은 이 글을 훨씬 입체적으로 이해하고 음미할 수 있게 만들 것이다.

    2026년이면 이 기행문이 발표된 지 100년이 된다. 100주년을 눈앞에 두고 민세의 주옥같은 기행문을 현대어로 풀어 일반 독자와 만날 수 있게 되어 기쁘다. 이 수필을 통해 그동안 언론인이나 정치가로 알려졌던 민세가 한국 근현대 수필문학사에도 중요한 작가로 자리잡기를 바란다.

    이번 수필집 발간은 많은 분들의 도움이 있어 가능했다. 민세 선생 정신 선양에 애쓰시는 안재홍기념사업회 강지원 회장님과 여러 이사님들께 감사드린다. 또한 이 책의 발간은 민세의 고향 평택시의 지원이 매우 컸다. 정장선 평택시장님과 복지정책과 보훈팀에도 고마움의 뜻을 전

한다. 2020년 3월 민세가 주필과 사장으로 재직했던 『조선일보』가 창간 100주년을 맞아 공개한 「조선뉴스 라이브러리 100」이 없었다면 이 기행문의 원형을 풀어내기가 어려웠을 것이다. 이 자리를 빌어 『조선일보』의 노고에도 거듭 감사의 뜻을 밝힌다. 기행문 중 한시 번역과 해설은 한국고전번역원의 김종태, 김민선 선생님의 도움을 받았음을 밝힌다. 끝으로 깔끔한 책으로 만들어 주신 선인출판사 윤관백 사장님과 장유진 편집자님께도 고맙다는 말씀을 드린다.

2024년 11월 30일 민세 안재홍 탄생 133주년에
풀어 옮긴 이 황우갑·방유미 씀

이 책은 평택시의 지원으로 제작되었습니다.

안재홍 산문집

영호남기행 1

초판 1쇄 발행 2024년 12월 31일

글 쓴 이	안재홍
풀어 읽음	황우갑·방유미
발 행 인	윤관백
발 행 처	선인
등 록	제5-77호(1998.11.4)
주 소	서울시 양천구 남부순환로 48길 1
전 화	02)718-6252 / 6257
팩 스	02)718-6253
E-mail	suninbook@naver.com

정 가 15,000원
ISBN 979-11-6068-927-3 04810
ISBN 979-11-6068-926-6 (세트)

· 잘못된 책은 바꿔 드립니다.